Bernd Höhle
Kampfkunst-Experte & Weltrekordler

und

Chris Hohlstamm von Dehnen
Business-Coach & Business-High-Performer

BUSINESS
MEETS
KAMPFKUNST

Erfolgsstrategien für Selbstständige,
Unternehmer und Führungskräfte

Impressum

© 2025 Bernd Höhle, Christopher Hohlstamm von Dehnen

Bibliografische Information der Deutschen Nationalbibliothek:
Die Deutsche Nationalbibliothek verzeichnet diese Publikation in der Deutschen Nationalbibliografie; detaillierte bibliografische Daten sind im Internet über http://dnb.dnb.de abrufbar.

Ausgabe: 1. Auflage 01.2025
Lektorat: Dr.-Ing. B. Grabe, Bernd Höhle, Chris Hohlstamm von Dehnen
Korrektorat: Dr.-Ing. B. Grabe, Mein Lebensfreudeverlag
Verlag: BoD · Books on Demand GmbH, In de Tarpen 42,
22848 Norderstedt, bod@bod.de
Druck: Libri Plureos GmbH, Friedensallee 273, 22763 Hamburg
ISBN: 978-3-7693-1171-6

Inhaltsverzeichnis

Kampfkunst meets Business

BUSINESS MEETS KAMPFKUNST

Kampfkunst „trifft" Business – Ein Vergleich

Von Chris Hohlstamm von Dehnen Business-High-Performer

Kampfkünste und die Geschäftswelt scheinen auf den ersten Blick wenig gemeinsam zu haben. Doch bei genauerer Betrachtung offenbart sich eine bemerkenswerte Ähnlichkeit zwischen diesen beiden scheinbar unterschiedlichen Disziplinen. Beide Bereiche erfordern strategisches Denken, Disziplin, Anpassungsfähigkeit und kontinuierliche Weiterentwicklung. Hier ein direkter Vergleich:

1. Disziplin

Kampfkünste:

Disziplin ist das Herzstück jeder Kampfkunst. Kampfkünstler verbringen Jahre damit, ihre Techniken durch wiederholte Praxis zu perfektionieren. Das erfordert eine unerschütterliche Hingabe, Selbstkontrolle und das kontinuierliche Streben nach Verbesserung.

Business:

Auch im Geschäft ist Disziplin entscheidend. Unternehmer und Führungskräfte müssen konsistent in ihrer Arbeit sein, langfristige Ziele verfolgen und tägliche Routinen entwickeln, um Erfolg zu erreichen. Ohne Disziplin in Bereichen wie Zeitmanagement, Planung und Ausführung können Projekte ins Stocken geraten.

Ähnlichkeit:

In beiden Bereichen ist Disziplin der Schlüssel zum Fortschritt. Erfolg kommt durch konsistente, bewusste Anstrengung und das Streben nach kontinuierlicher Verbesserung.

2. Fokus:

Kampfkünste:

Ein Kampfkünstler muss einen unerschütterlichen Fokus beibehalten, um in kritischen Momenten präzise zu agieren. Jede Ablenkung kann eine Schwäche darstellen, die vom Gegner ausgenutzt wird.

Business:

Im Geschäft ist Fokus ebenso wichtig. Führungskräfte müssen sich auf ihre Vision und Ziele konzentrieren, Ablenkungen vermeiden und ihre Energie auf die wichtigsten Aufgaben lenken, um den Erfolg des Unternehmens zu sichern.

Ähnlichkeit:

In beiden Bereichen ermöglicht der Fokus, auf das Wesentliche zu achten, Ablenkungen zu minimieren und klare, durchdachte Entscheidungen zu treffen.

3. Anpassungsfähigkeit

Kampfkünste:

Ein guter Kampfkünstler muss auf unvorhersehbare Bewegungen des Gegners reagieren können. Flexibilität und die Fähigkeit, sich schnell an neue Situationen anzupassen, sind entscheidend, um im Kampf zu bestehen.

Business:

Märkte, Technologien und Kundenbedürfnisse ändern sich ständig. Erfolgreiche Unternehmen müssen anpassungsfähig sein, um auf Marktveränderungen reagieren und Chancen ergreifen zu können. Starre Geschäftsmodelle riskieren, von agilen Konkurrenten überholt zu werden.

Ähnlichkeit:

Beide Bereiche erfordern Flexibilität und die Fähigkeit, auf unvorhersehbare Situationen schnell zu reagieren, um wettbewerbsfähig zu bleiben.

4. Strategie

Kampfkünste:

Jede Bewegung in der Kampfkunst ist Teil einer durchdachten Strategie. Es geht nicht nur darum, Kraft einzusetzen, sondern auch den Gegner zu lesen, seine Schwächen zu erkennen und den richtigen Moment zu nutzen, um anzugreifen oder sich zu verteidigen.

Business:

Ähnlich erfordert die Geschäftswelt strategisches Denken. Unternehmen müssen ihre Konkurrenz analysieren, Markttrends verstehen und vorausschauend handeln, um Chancen zu nutzen und Risiken zu minimieren. Ein guter Unternehmer weiß, wann er handeln und wann er warten muss.

Ähnlichkeit:

In beiden Disziplinen ist die Fähigkeit, eine klare, durchdachte Strategie zu entwickeln, entscheidend für den Erfolg.

5. Widerstandsfähigkeit

Kampfkünste:

Kampfkünstler müssen körperliche und mentale Widerstandsfähigkeit entwickeln, um trotz Schmerzen, Niederlagen und Rückschlägen weiterzumachen. Durch Training und Hingabe lernen sie, Hindernisse zu überwinden und stärker daraus hervorzugehen.

Business:

Auch im Geschäft sind Rückschläge unvermeidlich. Widerstandsfähigkeit ist notwendig, um nach Misserfolgen wieder aufzustehen, aus Fehlern zu lernen und langfristig erfolgreich zu sein. Unternehmer und Führungskräfte müssen die Fähigkeit entwickeln, sich von Rückschlägen nicht entmutigen zu lassen.

Ähnlichkeit:

In beiden Bereichen ist Widerstandsfähigkeit ein wesentlicher Faktor, um trotz Herausforderungen und Rückschlägen den Erfolg zu sichern.

6. Kontinuierliches Lernen und Wachstum

Kampfkünste:

In der Kampfkunst hört das Lernen nie auf. Selbst erfahrene Meister streben danach, ihre Techniken weiter zu verfeinern, ihre Denkweise zu stärken und neue Fähigkeiten zu entwickeln. Der Weg zur Perfektion ist endlos.

Business:

Auch im Geschäft ist das kontinuierliche Lernen unerlässlich. Unternehmen, die sich nicht an neue Technologien, Trends oder Marktentwicklungen anpassen, werden schnell überholt. Erfolgreiche Führungskräfte und Unternehmen legen großen Wert auf lebenslanges Lernen und kontinuierliche Verbesserung.

Ähnlichkeit:

In beiden Bereichen ist der Prozess des Lernens und Wachsens nie abgeschlossen. Nur durch ständiges Streben nach Verbesserung kann langfristiger Erfolg erreicht werden.

7. Mentale Stärke

Kampfkünste:

Neben körperlicher Kraft spielt die mentale Stärke eine zentrale Rolle. Ein Kampfkünstler muss Ruhe bewahren, Stress aushalten und in schwierigen Situationen klare Entscheidungen treffen können.

Business:

In der Geschäftswelt erfordert die Führung eines Unternehmens oft mentale Stärke. Führungskräfte müssen unter Druck rational bleiben, Herausforderungen meistern und komplexe Entscheidungen treffen, die langfristige Auswirkungen haben.

Ähnlichkeit:

In beiden Bereichen ist mentale Stärke entscheidend, um unter Druck erfolgreich zu sein und langfristig belastbar zu bleiben.

Fazit: Kampfkünste und Business

Kampfkünste und Business mögen auf den ersten Blick unterschiedlich erscheinen, doch sie teilen zahlreiche Parallelen. Beide erfordern Disziplin, Anpassungsfähigkeit, Fokus, strategisches Denken und Widerstandsfähigkeit. Die Philosophie der Kampfkünste, die persönliche Entwicklung und den Kampfgeist zu kultivieren, kann auf die Geschäftswelt übertragen werden, um nachhaltigen Erfolg zu erreichen.

Die Lehren aus beiden Welten ergänzen sich und bieten einen einzigartigen Ansatz, Herausforderungen zu meistern und in einer wettbewerbsintensiven Umgebung zu florieren – Das war und ist die Idee dieses Buches!

Kampfkunst meets Business

Einführung Bernd Höhle

Kampfkunst-Experte, Weltrekordler

Die Welt des Geschäfts ist sehr wettbewerbsintensiv, und der Erfolg hängt vom strategischen Denken ab. Daher suchen Führungskräfte und Unternehmer immer nach neuen Ansätzen, die ihnen einen Vorteil verschaffen können. Der Punkt hierbei ist, dass, obwohl konventionelle Geschäftsstrategien gültig sind, eine weitere Inspirationsquelle aus einem ungewöhnlichen Ort stammen kann – den Kampfkünsten.

Seit Menschengedenken dienen Kampfkünste als Form des Kampfes, der Disziplin und des persönlichen Wachstums. Sie werden oft als bloße körperliche Aktivitäten betrachtet, die sich nur auf Muskelkraft und Technik konzentrieren. Dennoch gibt es unter ihrem Glanz viele Informationen über ein Geschäft, die direkt im Unternehmensbereich verwendet werden können.

Dieses Buch zielt darauf ab, in die faszinierende Schnittmenge von Kampfkünsten und Geschäft einzutauchen und zu erforschen, wie die in den Kampfkünsten kultivierten Strategien, Philosophien und Denkweisen nahtlos in den Bereich von Handel und Unternehmertum integriert werden können. Dabei schöpfen wir Inspiration aus verschiedenen Traditionen der Kampfkünste, von alten Disziplinen wie Kung Fu und Karate bis hin zu Praktiken und Strategien aus dem Kenjutsu.

In den kommenden Kapiteln werden wir die grundlegenden Prinzipien der Kampfkünste erforschen, wie Disziplin, Fokus, Anpassungsfähigkeit und Widerstandsfähigkeit, und untersuchen, wie sie in handlungsorientierte Strategien für den Geschäftserfolg übersetzt werden können. Durch die Analyse der Kernprinzipien verschiedener Kampfkunststile werden wir Einsichten entdecken, die die Art und Weise verändern können, wie wir Herausforderungen angehen, Chancen ergreifen und langfristiges Wachstum in der Unternehmenswelt fördern.

Ein entscheidender Aspekt der Kampfkunst, der direkt auf das Geschäft übertragbar ist, ist das Konzept der Disziplin. Kampfkünstler widmen unzählige Stunden der wiederholten Praxis, um Techniken und Bewegungen durch konsequente Hingabe zu meistern. In gleicher Weise bedeutet Disziplin im Geschäft, Gewohnheiten der Konsistenz, Organisation und effektiven Zeitmanagement zu kultivieren, um Fortschritt zu fördern und gewünschte Ergebnisse zu erzielen. Wir werden erkunden, wie Disziplin zu gesteigerter Produktivität, verbessertem Fokus und der Fähigkeit führen kann, durch Widrigkeiten zu beharren.

Ein weiteres wichtiges Element, das wir untersuchen werden, ist die Kunst der Anpassungsfähigkeit. Kampfkünste lehren Praktizierende, inmitten sich ändernder Umstände wendig, reaktionsschnell und flexibel zu sein. Geschäft, ähnlich wie der Kampf, ist unvorhersehbar, und erfolgreiche Führungskräfte müssen in der Lage sein, sich schnell an verändernde Markttrends, aufkommende Technologien und sich entwickelnde Kundenpräferenzen anzupassen. Durch die Annahme der anpassungsfähigen Denkweise von Kampfkünstlern können wir lernen, Veränderungen anzunehmen, Chancen zu erkennen und in einer sich ständig verändernden Geschäftswelt einen Schritt voraus zu sein.

Widerstandsfähigkeit ist eine Eigenschaft, die durch rigoroses Training, das Ertragen physischer und mentaler Herausforderungen und das Überschreiten vermeintlicher Grenzen in den Kampfkünsten gefördert wird. Angesichts von Rückschlägen und Misserfolgen ist die Fähigkeit, zurückzuprallen und eine starke Denkweise aufrechtzuerhalten, sowohl in den Kampfkünsten als auch im Geschäft unerlässlich. Wir werden die Techniken und Philosophien erkunden, die dazu beitragen, Widerstandsfähigkeit zu entwickeln, und Führungskräften ermöglichen, Hindernisse zu bewältigen und gestärkt hervorzugehen.

Darüber hinaus betonen die Kampfkünste die Bedeutung von Fokus und Konzentration. Die Fähigkeit, unerschütterliche Aufmerksamkeit und Präsenz aufrechtzuerhalten, ermöglicht es Kampfkünstlern, präzise zu reagieren und Chancen im Kampf zu ergreifen. Ähnlich müssen Führungskräfte in der Unternehmenswelt lernen, Ablenkungen herauszufiltern, Aufgaben zu priorisieren und einen laserähnlichen Fokus aufrechtzuerhalten, um gewünschte Ziele zu erreichen.

Wir werden verschiedene Techniken zur Verbesserung von Fokus und Produktivität vertiefen, die es Einzelpersonen ermöglichen, in ihrem beruflichen Leben Spitzenleistungen zu erzielen.

Im Verlauf dieses Buches werden wir auch die Rolle der Denkweise in den Kampfkünsten und im Geschäft untersuchen. Kampfkünstler kultivieren eine Denkweise der Widerstandsfähigkeit, Disziplin und kontinuierlichen Weiterentwicklung. Wir werden erkunden, wie das Übernehmen einer ähnlichen Denkweise im Geschäft helfen kann, begrenzende Überzeugungen zu überwinden, Herausforderungen anzunehmen und eine Kultur der Innovation innerhalb von Organisationen zu fördern.

Einführung Chris Hohlstamm von Dehnen

Business-High-Performer

In der wettbewerbsintensiven Welt des Geschäfts ist Erfolg oft das Ergebnis von strategischem Denken und innovativen Ansätzen. Als Unternehmen suchen wir kontinuierlich nach neuen Wegen, die uns einen entscheidenden Vorteil verschaffen. Während traditionelle Geschäftsstrategien nach wie vor gültig sind, entdecken wir immer häufiger, dass wertvolle Inspirationen aus unerwarteten Quellen stammen können – eine davon sind die Kampfkünste.

Seit Jahrhunderten sind Kampfkünste nicht nur Ausdruck körperlicher Stärke, sondern auch tief verwurzelte Disziplinen des persönlichen Wachstums. Oft auf Technik und Muskelkraft reduziert, bergen sie weitaus mehr: eine Fülle von Lehren, die sich auf den Geschäftserfolg übertragen lassen.

Unser Ansatz besteht darin, die Verbindung zwischen den Prinzipien der Kampfkünste und erfolgreichen Geschäftspraktiken zu beleuchten. Dieses Buch taucht tief in die Strategien, Philosophien und Denkweisen ein, die in den Kampfkünsten kultiviert werden, und zeigt, wie sie nahtlos in die Geschäftswelt integriert werden können. Wir schöpfen aus uralten Traditionen wie Kung Fu, Karate und Kenjutsu und übertragen deren Prinzipien auf den Handel und das Unternehmertum.

Im Mittelpunkt steht die Frage, wie wir die Kernprinzipien der Kampfkünste – Disziplin, Fokus, Anpassungsfähigkeit und Widerstandsfähigkeit – in handlungsorientierte Geschäftsstrategien übersetzen können. Diese Prinzipien ermöglichen es uns, Herausforderungen effektiver zu begegnen, Chancen zu nutzen und nachhaltiges Wachstum zu fördern.

Ein zentrales Konzept, das wir dabei untersuchen, ist die Disziplin. In den Kampfkünsten investieren Praktizierende unzählige Stunden in wiederholtes Training, um Techniken zu meistern. Auf das Geschäft übertragen, bedeutet dies, dass Disziplin die Grundlage für kontinuierliche Verbesserung und Produktivität bildet. Wie in den Kampfkünsten kann auch im Geschäft nur durch Beständigkeit, Organisation und gutes Zeitmanagement Fortschritt erzielt werden. Wir werden aufzeigen, wie Disziplin zu erhöhter Effizienz und Erfolg führt.

Ein weiteres zentrales Element ist die Anpassungsfähigkeit. In den Kampfkünsten lernen wir, flexibel auf Veränderungen zu reagieren. Märkte, Technologien und Kundenbedürfnisse verändern sich kontinuierlich, und genau wie ein Kampfkünstler müssen Führungskräfte in der Lage sein, schnell zu reagieren und sich anzupassen. Indem wir diese Denkweise annehmen, können wir Veränderungen nutzen und innovative Chancen ergreifen.

Ein ebenfalls wesentlicher Aspekt, sowohl im Kampf als auch im Geschäft, ist die Widerstandsfähigkeit. In den Kampfkünsten wird diese durch strenges Training und das Überwinden von physischen und mentalen Herausforderungen gestärkt. Rückschläge sind unvermeidlich, doch die Fähigkeit, sich zu erholen und gestärkt zurückzukehren, ist entscheidend. Wir werden Techniken und Denkweisen analysieren, die Führungskräften helfen, trotz

Rückschlägen resilient zu bleiben und auf lange Sicht erfolgreich zu sein.

Ein weiterer Schlüssel zum Erfolg ist der Fokus. In den Kampfkünsten ist es die Konzentration, die es ermöglicht, präzise zu handeln und Chancen zu nutzen. Ebenso ist im Geschäft ein unerschütterlicher Fokus notwendig, um Ablenkungen auszublenden, Prioritäten zu setzen und Ziele zu erreichen. Wir werden Techniken erkunden, die helfen, den Fokus zu stärken und die Produktivität zu maximieren.

Letztlich geht es darum, die richtige Denkweise zu kultivieren. In den Kampfkünsten ist dies eine Denkweise der kontinuierlichen Weiterentwicklung und des unermüdlichen Strebens Verbesserung. Übertragen auf das Geschäft bedeutet dies, eine Kultur der Innovation zu fördern, Herausforderungen als Chancen zu betrachten und kontinuierliches Wachstum anzustreben.

Dieses Buch zeigt, wie wir als Unternehmen durch die Verbindung von Geschäftsstrategien mit den Prinzipien der Kampfkünste einen einzigartigen und tiefgreifenden Ansatz entwickeln können, um im modernen Wettbewerb nicht nur zu bestehen, sondern zu florieren.

Kampfkunst meets Business

Überblick über den Zweck des Buchs:

Von Bernd Höhle Kampfkunst-Experte, Weltrekordler

Willkommen bei „Kampfkunststrategien für Unternehmer und Führungskräfte". Dieses Buch wurde mit dem Ziel geschrieben, Managern, die ihre Führungsqualitäten verbessern möchten, eine einzigartige und aufschlussreiche Perspektive zu bieten. In der dynamischen Geschäftslandschaft bietet die Verbindung von Kampfkunst-Prinzipien mit strategischer Führung einen frischen und effektiven Ansatz.

Hauptziele:

1. Bereichern Sie Ihre Führungsqualitäten:

Entdecken Sie Kampfkunst Strategien als Katalysator zur Bereicherung Ihrer Führungsqualitäten. Durch den disziplinierten Fokus der Kampfkünste können Unternehmer und Führungskräfte wertvolle Erkenntnisse über Entscheidungsfindung, Anpassungsfähigkeit und die Förderung einer belastbaren Teamkultur gewinnen.

2. Empathie kultivieren:

Gehen Sie auf den Zusammenhang zwischen Kampfkunstphilosophie und Empathie in der Führung ein. Entdecken Sie, wie die Prinzipien des Respekts, des Verständnisses und der harmonischen Zusammenarbeit nicht nur die beruflichen Beziehungen, sondern auch die gesamte Teamdynamik verbessern können.

3. Persönliche Entwicklung:

Dieses Buch richtet sich an Manager, die kontinuierliches Wachstum anstreben, und dient als Leitfaden für die persönliche Entwicklung. Entdecken Sie Möglichkeiten, Ihren Führungsstil zu verfeinern, Herausforderungen anzunehmen und eine Denkweise zu entwickeln, die mit den Prinzipien der Kampfkunst übereinstimmt.

4. Strategisches Denken:

Erfahren Sie, wie Kampfkunst Strategien nahtlos in Geschäftspraktiken integriert werden können. Entwickeln Sie eine strategische Denkweise, die in der Lage ist, Herausforderungen vorherzusehen, Chancen zu ergreifen und Ihr Team zum Erfolg im Unternehmensumfeld zu führen.

5. Ganzheitlicher Ansatz:

Im Gegensatz zu herkömmlichen Führungsratgebern verfolgt „MARTIAL ARTS STRATEGIES IN BUSINESS" einen ganzheitlichen Ansatz. Es geht über die herkömmliche Managementberatung hinaus und bietet eine einzigartige Mischung aus altem Wissen und modernen Führungspraktiken.

Am Ende dieses Buchs haben Unternehmer und Führungskräfte nicht nur ihr Führungsinstrumentarium erweitert, sondern auch wertvolle Einblicke in die Zusammenhänge von strategischem Denken, persönlicher Entwicklung und empathischer Führung in der dynamischen Geschäftswelt gewonnen. Bereiten Sie sich auf eine Reise vor, die die herkömmlichen Grenzen der Führung überschreitet und die Weisheit der Kampfkünste für professionelle Exzellenz nutzt.

Kampfkunst meets Business

Kapitel 1: Kenjutsu - Einfachheit, Effizienz und Intelligenz in Aktion

Was ist Kenjutsu?

Von Bernd Höhle Kampfkunst-Experte, Weltrekordler

Im Kern ist Kenjutsu eine traditionelle japanische Kampfkunst, die die Meisterschaft des Schwerts umfasst. Ein Blick auf die Bedeutung des Begriffs selbst gibt Aufschluss über seine Essenz:

"Ken" übersetzt sich als Schwert, während "Jutsu" Kunst oder Technik bedeutet. Gemeinsam steht Kenjutsu für die Schwertkunst.

Verwurzelt in der reichen Geschichte Japans nimmt Kenjutsu einen besonderen Platz als die Kampfkunst ein, die von den Samurai-Rittern praktiziert wurde. Diese erfahrenen Krieger waren nicht nur geschickt in den physischen Aspekten des Kampfes, sondern verkörperten auch einen Verhaltenskodex und eine Disziplin, die über das Schlachtfeld hinausgingen.

Der Begriff "Samurai" selbst trägt eine tiefgreifende Bedeutung und übersetzt sich als "Der Dienende". Weit entfernt von einer bloßen Bezeichnung, bedeutete im Kontext der Samurai das Dienen mehr als einem Meister — es bedeutete, Loyalität, Ehre und Selbstdisziplin zu verkörpern. Das Engagement der Samurai für einen Ehrenkodex bzw. Moralkodex, bekannt als Bushido, beeinflusste jeden Aspekt ihres Lebens, einschließlich ihrer Praxis des Kenjutsu.

Kenjutsu beinhaltet das Studium und die Anwendung verschiedener Schwerttechniken, wobei der Fokus nicht nur auf physischer Gewandtheit liegt, sondern auch auf der Entwicklung eines disziplinierten Geistes. Praktizierende widmen sich der Verfeinerung ihrer Bewegungen, dem Verständnis der Feinheiten des Schwerts und der Annahme der Philosophie, die ihre Handlungen leitet.

Im Laufe der Jahrhunderte hat sich Kenjutsu von einer Kampffertigkeit für Samurai-Krieger zu einer weltweit praktizierten modernen Disziplin entwickelt. Heutzutage dient es als Brücke zum historischen Erbe Japans und bietet Enthusiasten einen Weg, nicht nur die physischen Techniken des Schwerts zu beherrschen, sondern auch Tugenden wie Integrität, Respekt und Durchhaltevermögen zu kultivieren. In der Welt der Kampfkünste steht Kenjutsu als Zeugnis für den anhaltenden Geist der Samurai und die zeitlose Kunstfertigkeit des japanischen Schwertkampfes.

Kenjutsu ist eine der seltenen Disziplinen, die in der Welt der Kampfkünste wirklich für Einfachheit, Wirksamkeit und Handlungsintelligenz stehen. Kenjutsu hat seine Wurzeln in der jahrhunderte alten japanischen Kriegertradition und beinhaltet den Einsatz spezifischer Techniken in Kampfsituationen. Das Prinzip von Kenjutsu ist vor allem mit der mentalen Seite des Schwertspiels verbunden, kann jedoch auch in der Geschäftswelt dazu beitragen, Strategien für den Erfolg zu entwickeln.

Einfachheit, ein Kernprinzip von Kenjutsu, ist die Kunst, komplexe Bewegungen in raffinierte, präzise Handlungen zu reduzieren. In den Kampfkünsten bedeutet dies, unnötige Verzierungen zu eliminieren und sich auf die direktesten und effektivsten Techniken zu konzentrieren. Ebenso kann in der Geschäftswelt Einfachheit angewendet werden, um Abläufe zu optimieren, die Effizienz zu verbessern und die Produktivität zu maximieren.

In einem geschäftlichen Kontext übersetzt sich Einfachheit oft in klare Kommunikation und gestraffte Prozesse. Genau wie ein geschickter Kenjutsu-Praktizierender einen Schlag mit minimalem Aufwand und Bewegung ausführt, vermitteln erfolgreiche Unternehmen ihre Botschaften prägnant und effizient. Wenn Mitarbeiter ihre Rollen und Ziele klar verstehen, können sie effektiv auf gemeinsame Ziele hinarbeiten. Darüber hinaus kann die Vereinfachung von Prozessen und die Eliminierung unnötiger Schritte die Produktivität steigern und eine agilere und reaktionsschnellere Organisation schaffen.

Effizienz, ein weiterer Eckpfeiler von Kenjutsu, geht darum, maximale Ergebnisse mit minimalem Aufwand zu erzielen. Das Ziel besteht darin, Ressourcen zu optimieren und Handlungen präzise auszuführen, um die günstigsten Ergebnisse zu gewährleisten. In der Arena der Kampfkünste ist Effizienz entscheidend, um einen Vorteil gegenüber Gegnern zu erlangen. Durch das Schonen von Energie und das Ausführen präziser Schläge kann der Kenjutsu-Praktizierende seinen Gegner ausmanövrieren.

In der Geschäftswelt bedeutet Effizienz, Ziele mit optimaler Nutzung von Zeit, Geld und Ressourcen zu erreichen. Durch Fokussierung auf Kernkompetenzen und Eliminierung von nicht wertschöpfenden Aktivitäten können Organisationen die Produktivität und Rentabilität maximieren. Effizienz ermöglicht es Unternehmen auch, sich schnell an Veränderungen im Markt anzupassen und einen Wettbewerbsvorteil zu erlangen. Die Implementierung von Prinzipien des schlanken Fertigungsprozesses kann beispielsweise Abfall beseitigen und die Produktionseffizienz verbessern.

Vielleicht eines der faszinierendsten Aspekte von Kenjutsu, der auf das Geschäft übertragen werden kann, ist das Konzept der Intelligenz in Aktion. Intelligenz bedeutet in diesem Zusammenhang die Fähigkeit, die Situation zu lesen und zu verstehen sowie entsprechend anzupassen. Es umfasst nicht nur den physischen Aspekt des Kampfes, sondern auch die geistige Beweglichkeit, um sich an sich verändernde Umstände anzupassen.

Im Bereich des Geschäfts bedeutet Intelligenz in Aktion, ein tiefes Verständnis des Marktes zu haben, Trends zu erkennen und informierte Entscheidungen zu treffen. Es geht darum, agil und anpassungsfähig zu sein, bereit, Strategien basierend auf der Wettbewerbslandschaft anzupassen. Genau wie ein Kenjutsu-Meister ständig die Bewegungen seines Gegners analysiert, überwachen erfolgreiche Unternehmen ihre Umgebung und Konkurrenten, um einen Schritt vorauszubleiben.

Intelligenz in Aktion erfordert auch effektive Problemlösungsfähigkeiten. Genauso wie ein versierter Kenjutsu-Praktizierender die Bewegungen eines Gegners analysieren und Schwächen finden muss, müssen Unternehmen Herausforderungen identifizieren und innovative Lösungen entwickeln. Durch die Förderung einer Kultur der Intelligenz und die Unterstützung des kritischen Denkens können Organisationen ihre Fähigkeit verbessern, Hindernisse zu überwinden und Chancen zu nutzen.

Die Prinzipien der Einfachheit, Effizienz und Intelligenz in Aktion sind nicht exklusiv für Kenjutsu oder Geschäft. Es sind universelle Konzepte, die auf jedes Bestreben angewendet werden können und Einblicke sowie Strategien für Erfolg bieten. Indem Geschäftsleiter die Denkweise eines Kenjutsu-Meisters übernehmen, können sie Widerstandsfähigkeit, Fokus und Anpassungsfähigkeit in ihren Organisationen fördern.

Erfolgreiche Unternehmen erkennen den Wert von Einfachheit in Kommunikation und Prozessen an und streben danach, Komplexitäten zu beseitigen und Operationen zu optimieren. Sie streben nach Effizienz, optimieren Ressourcen und eliminieren Verschwendung, um optimale Produktivität zu erreichen.

Darüber hinaus setzen sie auf Intelligenz in Aktion, lesen Marktdynamiken und treffen informierte Entscheidungen, um der Konkurrenz einen Schritt voraus zu sein.

Kampfkunst meets Business

Business meets Kampfkunst: Ein Vergleich

Von Chris Hohlstamm von Dehnen Business-High-Performer

Im Kern ist Kenjutsu, die traditionelle japanische Kunst des Schwertkampfes, nicht nur eine Technik, sondern eine Philosophie, die tief in Disziplin, Einfachheit und Effizienz verwurzelt ist. Ursprünglich von Samurai praktiziert, die nach einem strengen Ehrenkodex lebten, geht Kenjutsu über den physischen Kampf hinaus. Es fördert einen disziplinierten Geist und die Fähigkeit, die Umgebung präzise zu analysieren und schnell zu handeln.

Genau diese Prinzipien können in der Geschäftswelt als unschätzbare Führungstools genutzt werden.

1. Einfachheit: Den Kern erkennen und Unnötiges eliminieren

In Kenjutsu dreht sich alles um Einfachheit. Die Kunst, unnötige Bewegungen und Verzierungen zu eliminieren und sich auf die effektivsten Techniken zu konzentrieren, ist zentral. Ein Kenjutsu-Meister beherrscht die Fähigkeit, mit minimalem Aufwand maximale Wirkung zu erzielen.

Business-Vergleich:

Genau wie im Schwertkampf müssen auch Unternehmen den Kern ihrer Prozesse erkennen und alles Überflüssige eliminieren. Einfachheit bedeutet in der Geschäftswelt klare Kommunikation und gestraffte Prozesse. Wenn Abläufe kompliziert werden, leidet die Effizienz. Erfolgreiche Unternehmen streben danach, unnötige Schritte zu beseitigen, um ihre Produktivität zu maximieren und Ressourcen optimal einzusetzen. Klarheit in Zielen und Kommunikationswegen schafft eine Grundlage für präzises Handeln und führt zu einem besseren, fokussierten Teamwork.

2. Effizienz: Maximale Ergebnisse mit minimalem Aufwand erzielen

Effizienz ist ein Schlüsselprinzip von Kenjutsu. Durch präzise, gezielte Schläge und den optimalen Einsatz von Energie kann der Kenjutsu-Praktizierende seinen Gegner überwältigen, ohne sich zu verausgaben. Der Fokus liegt darauf, mit minimalem Aufwand den maximalen Nutzen zu erzielen.

Business-Vergleich:
In der Geschäftswelt ist Effizienz unerlässlich, um Wettbewerbsvorteile zu sichern. Unternehmen, die effizient arbeiten, können ihre Ziele mit weniger Ressourcen erreichen. Dies bedeutet, Zeit, Geld und Energie optimal zu nutzen, um die gewünschten Ergebnisse zu erzielen. Effiziente Unternehmen setzen ihre Ressourcen strategisch ein, eliminieren Verschwendung und maximieren ihre Produktivität.

Ein Beispiel hierfür ist die Einführung schlanker Fertigungsprozesse, die Abfall minimieren und den Wert maximieren. Wie ein Kenjutsu-Meister Ressourcen spart, um präzise zu handeln, konzentrieren sich erfolgreiche Unternehmen auf Effizienz, um agil und wettbewerbsfähig zu bleiben.

3. Intelligenz in Aktion: Die Fähigkeit, sich anzupassen und vorausschauend zu handeln

Kenjutsu erfordert mehr als körperliche Geschicklichkeit. Es ist die Kunst, die Bewegungen des Gegners zu lesen, auf Veränderungen zu reagieren und die eigene Strategie schnell anzupassen. Diese "Intelligenz in Aktion" ist das, was den Meister vom Anfänger unterscheidet – die Fähigkeit, die Umgebung zu analysieren und sofort die richtigen Entscheidungen zu treffen.

Business-Vergleich:
In der Geschäftswelt ist Intelligenz in Aktion die Fähigkeit, sich in einem sich schnell ändernden Marktumfeld anzupassen. Führungskräfte müssen in der Lage sein, Markttrends zu erkennen, Kundenbedürfnisse zu antizipieren und ihre Strategien flexibel anzupassen, um der Konkurrenz einen Schritt voraus zu sein. Unternehmen, die "intelligent in Aktion" sind, zeichnen sich durch ihre Agilität aus. Sie überwachen ständig ihre Konkurrenz und Marktveränderungen, um schnell und effektiv reagieren zu können. Diese Unternehmen fördern kritisches Denken und Innovation, um Probleme zu lösen und Chancen zu nutzen – genau wie ein Kenjutsu-Meister seine Umgebung liest und präzise agiert.

Schlüsselprinzipien des Kenjutsu in der Geschäftswelt

Kenjutsu bietet drei zentrale Lehren – Einfachheit, Effizienz und Intelligenz in Aktion – die sich nahtlos auf die Geschäftswelt übertragen lassen. Diese Prinzipien sind nicht nur in der Kampfkunst, sondern auch im Business universell anwendbar und tragen maßgeblich zum Erfolg bei:

1. **Einfachheit:** Den Fokus auf das Wesentliche legen, um maximale Klarheit und Präzision zu gewährleisten. Unternehmen, die klare Prozesse haben und überflüssige Komplexität vermeiden, können agiler und effizienter arbeiten.

2. **Effizienz:** Ressourcen optimal nutzen, um die gewünschten Ergebnisse zu erzielen. Effizienz schafft Wettbewerbsvorteile und ermöglicht es Unternehmen, ihre Ziele schneller und kostengünstiger zu erreichen.

3. **Intelligenz in Aktion:** Die Fähigkeit, sich in einem sich verändernden Umfeld anzupassen und die richtigen Entscheidungen zu treffen. In einer dynamischen Geschäftswelt ist Anpassungsfähigkeit der Schlüssel, um sich den sich wandelnden Anforderungen des Marktes zu stellen und Chancen zu ergreifen.

Fazit: Kenjutsu als Erfolgsstrategie im Business

Kenjutsu ist mehr als nur eine Kampfkunst – es ist eine Philosophie, die auf Disziplin, Einfachheit und strategischem Denken beruht. Diese Prinzipien können in der Geschäftswelt genauso wirkungsvoll angewendet werden, um Führungskräfte zu stärken und Unternehmen erfolgreicher zu machen. Durch die Übernahme der Werte von Kenjutsu – klare, einfache und effiziente Prozesse sowie die Fähigkeit, in Aktion intelligent zu agieren –

können Unternehmen sich besser aufstellen und in einer komplexen, dynamischen Welt erfolgreich navigieren.

Die Lehren des Kenjutsu, die in der jahrhundertealten Tradition der Samurai wurzeln, bieten moderne Führungskräften wertvolle Einsichten und Strategien, um in der Geschäftswelt erfolgreich zu sein. Durch das Verschmelzen von Tradition und moderner Unternehmensführung können Manager das Beste aus beiden Welten nutzen, um nachhaltige Erfolge zu erzielen.

Primäre Vorteile

1. Klarheit, Geradlinigkeit & Gelassenheit

Einstellung, Ausstrahlung, Voraussicht, analytisches Denken, Etikette

Von Bernd Höhle Kampfkunst-Experte, Weltrekordler

Auf dem Weg zum geschäftlichen Erfolg kann man sich Inspiration und wertvolle Einblicke aus der Welt der Kampfkünste holen. Insbesondere beim Erkunden der Kampfkunst Kenjutsu, die die Prinzipien der Einfachheit, Effizienz und Intelligenz in der Aktion verkörpert, können wir Attribute wie Klarheit, Geradlinigkeit und Gelassenheit entdecken.

Diese Qualitäten, wenn auf die Geschäftswelt übertragen, können die Einstellung, Ausstrahlung, Voraussicht, analytisches Denken und Etikette verbessern.

● Einstellung:

Im Kenjutsu ist die Kultivierung der richtigen Einstellung entscheidend. Es lehrt Praktizierende, Herausforderungen mit Widerstandsfähigkeit, Entschlossenheit und unerschütterlichem Selbstvertrauen anzugehen. Ebenso hilft die Annahme einer positiven und proaktiven Einstellung im Geschäftsbereich, Hindernisse zu überwinden, sich an sich ändernde Situationen anzupassen und die Motivation zur Erreichung von Zielen aufrechtzuerhalten.

- **Ausstrahlung:**

Charisma beschränkt sich nicht nur auf persönliche Anziehungs-
kraft oder Charme; es erstreckt sich auf die Fähigkeit, mit anderen in Verbindung zu treten und sie zu inspirieren. Im Kenjutsu
pflegen Praktizierende eine imposante Präsenz und strahlen eine
Aura der Selbstsicherheit aus. Die Anwendung eines solchen
Charismas im geschäftlichen Umfeld kann Teams beeinflussen
und motivieren, starke Partnerschaften aufbauen und Kunden
fesseln, was zu einer verbesserten Zusammenarbeit und Ergebnissen führt.

- **Voraussicht:**

Kenjutsu-Praktizierende entwickeln ein ausgeprägtes Gespür für
die situative Aufmerksamkeit, dass es ihnen ermöglicht, die
Handlungen ihres Gegners vorauszusehen und schnell darauf zu
reagieren. Die Integration von Voraussicht in Geschäftsstrategien bedeutet, eine klare und zukunftsweisende Vision zu haben,
Trends auf dem Markt vorauszuahnen und fundierte Entscheidungen zu treffen, die die Organisation langfristig erfolgreich
positionieren.

- **Analytisches Denken:**

Kenjutsu erfordert analytisches Denken, um die Stärken und
Schwächen des Gegners zu bewerten, Muster zu identifizieren
und taktische Öffnungen auszunutzen. Ebenso ermöglicht analytisches Denken in der Geschäftswelt eine objektive Bewertung
von Chancen und Risiken, effektive Problemlösung und strate-

gische Entscheidungsfindung auf der Grundlage solider Daten und Erkenntnisse.

- Etikette:

Ein Verhaltenskodex regelt jeden Aspekt des Kenjutsu und betont Respekt, Disziplin und Ethik. Im Geschäftsumfeld zeigt die Einhaltung angemessener Etikette Professionalität und fördert das Vertrauen bei Kunden, Partnern und Kollegen. Es umfasst Gesten des Respekts, effektive Kommunikation und die Befolgung etablierter Protokolle, was letztendlich harmonische Beziehungen und einen positiven Ruf fördert.

2. Entscheidungen treffen

- (Absicht, Wille, Vertrauen und Mut)

Die Praxis von Kenjutsu mit ihren zugrunde liegenden Prinzipien von Einfachheit, Effizienz und Intelligenz in Aktion bietet wertvolle Einblicke in den Entscheidungsprozess. Dieses Unterthema erforscht die Themen Absicht, Wille, Vertrauen und Mut sowie die Konzepte des Angriffs, der Verteidigung, des Nicht-Ziehens des Schwertes und der unterschiedlichen Ansätze zum Erreichen des Sieges - sei es durch Ausschalten des Gegners oder andere Mittel. Wir werden Parallelen zur Geschäftswelt ziehen und untersuchen, wie diese Elemente Einzelpersonen und Organisationen dazu leiten können, effektive Entscheidungen zu treffen, die zum Erfolg führen.

- Absicht:

Im Kenjutsu trägt jede Bewegung und Handlung Absicht in sich. Ebenso ist es in der Geschäftsentscheidungsfindung entscheidend, klare und zweckgerichtete Absichten zu haben. Dies beinhaltet die Ausrichtung von Entscheidungen mit Gesamtzielen, Werten und gewünschten Ergebnissen, um sicherzustellen, dass Handlungen von einem klar definierten Zweck und strategischer Ausrichtung geleitet werden.

- Wille:

Die Praxis von Kenjutsu betont die Entwicklung von starkem Willen und Entschlossenheit. In der Geschäftswelt ermöglicht eine unerschütterliche Willenskraft Einzelpersonen, ihren Entscheidungen treu zu bleiben und Herausforderungen zu überwinden. Sie bietet die geistige Stärke, um Hindernisse zu überwinden und den Fokus auf langfristige Ziele zu behalten.

- Vertrauen:

Im Kontext von Kenjutsu ist das Vertrauen in das Training, die Fähigkeiten und die Intuition von grundlegender Bedeutung. In der Geschäftswelt spielt Vertrauen eine entscheidende Rolle bei der Entscheidungsfindung. Es beinhaltet das Vertrauen in sich selbst, Teammitglieder, Partner und Interessengruppen. Vertrauen fördert Zusammenarbeit, effektive Kommunikation und das Selbstbewusstsein, Entscheidungen auf gemeinsamem Wissen und Fachkenntnissen zu treffen.

- **Mut:**

Kenjutsu erfordert Mut, sich Gegnern zu stellen, Ängste zu überwinden und entschlossen zu handeln. Ebenso ist es in der geschäftlichen Entscheidungsfindung entscheidend, den Mut zu haben, kalkulierte Risiken einzugehen. Dies beinhaltet das Verlassen von Komfortzonen, die Annahme von Innovation und das Treffen kühner Entscheidungen, die das Potenzial haben, Einzelpersonen und Organisationen voranzubringen.

Business meets Kampfkunst: Ein Vergleich

Von Chris Hohlstamm von Dehnen Business-High-Performer

Auf dem Weg zum geschäftlichen Erfolg lassen sich wertvolle Erkenntnisse aus der Kampfkunst, insbesondere Kenjutsu, ziehen.

Diese alte japanische Schwertkunst ist nicht nur eine Übung in physischen Techniken, sondern auch eine Quelle für tiefgreifende Prinzipien wie Klarheit, Geradlinigkeit, Effizienz und Gelassenheit. Diese Qualitäten lassen sich problemlos auf die Geschäftswelt übertragen und können die Einstellung, Ausstrahlung, Voraussicht, analytisches Denken und Etikette im Business verbessern. Hier der Vergleich:

1. Einstellung: Entschlossenheit und Widerstandsfähigkeit

Im Kenjutsu ist die richtige Einstellung entscheidend. Praktizierende lernen, Herausforderungen mit Entschlossenheit, Widerstandsfähigkeit und Selbstvertrauen zu begegnen. Diese Haltung prägt nicht nur ihre Kampfkunst, sondern auch ihren gesamten Lebensansatz.

Business-Vergleich:

Führungskräfte, die mit derselben Entschlossenheit und Widerstandsfähigkeit an Herausforderungen herangehen, können Hindernisse leichter überwinden und bleiben auch in schwierigen Zeiten motiviert. Eine positive und proaktive Einstellung hilft, dynamisch auf Veränderungen zu reagieren und die langfristigen Ziele nicht aus den Augen zu verlieren.

2. Ausstrahlung: Charisma und Einfluss

Kenjutsu-Praktizierende kultivieren eine kraftvolle Ausstrahlung. Durch ihre Präsenz und Selbstsicherheit können sie andere inspirieren und beeinflussen, ohne viele Worte zu verlieren.

Business-Vergleich:

Im Business wird Charisma oft als eine der wichtigsten Führungseigenschaften angesehen. Führungskräfte, die durch ihre Ausstrahlung überzeugen, können Teams motivieren, starke Partnerschaften aufbauen und Kunden begeistern. Diese Fähigkeit zur Einflussnahme kann zu besseren Geschäftsbeziehungen und größerem Erfolg führen.

3. Voraussicht: Antizipation und strategisches Handeln

Kenjutsu lehrt Praktizierende, die Bewegungen des Gegners vorauszusehen und schnell zu reagieren. Es geht darum, die richtigen Handlungen zur richtigen Zeit zu setzen.

Business-Vergleich:

Führungskräfte müssen eine klare Vision haben und Markttrends antizipieren, um strategische Entscheidungen zu treffen. Voraussicht bedeutet, zukünftige Herausforderungen zu erkennen und schon heute Maßnahmen zu ergreifen, die das Unternehmen langfristig erfolgreich positionieren.

4. Analytisches Denken: Muster erkennen und nutzen

In Kenjutsu wird das analytische Denken ständig geschärft. Praktizierende lernen, die Stärken und Schwächen ihrer Gegner zu bewerten, Muster zu erkennen und strategische Öffnungen auszunutzen.

Business-Vergleich:

Auch im Business ist analytisches Denken entscheidend. Führungskräfte, die Daten und Fakten objektiv analysieren können, erkennen Chancen und Risiken klarer. Dies führt zu fundierten, strategischen Entscheidungen, die das Unternehmen auf Erfolgskurs halten.

5. Etikette: Professionalität und Respekt

Ein zentraler Aspekt des Kenjutsu ist der strikte Verhaltenskodex, der Respekt und Disziplin betont. Dieser Ehrenkodex wird in jeder Interaktion gelebt und stärkt die Beziehungen zwischen Praktizierenden.

Business-Vergleich:

Im Geschäftsleben ist die Einhaltung von Etikette entscheidend für das Vertrauen und den Respekt, den Kunden, Partner und Mitarbeiter entgegenbringen. Eine professionelle, respektvolle Kommunikation und die Einhaltung ethischer Standards fördern nicht nur das Image eines Unternehmens, sondern auch seine langfristigen Beziehungen.

6. Entscheidungen treffen: Absicht, Wille, Vertrauen und Mut

Absicht

Im Kenjutsu trägt jede Bewegung eine klare Absicht. Jede Aktion ist gezielt und darauf ausgerichtet, den Kampf zu gewinnen.

Business-Vergleich:

Ebenso sollten Entscheidungen im Business klare Absichten und einen strategischen Fokus haben. Jede unternehmerische Entscheidung sollte auf langfristige Ziele ausgerichtet sein und mit den Werten des Unternehmens übereinstimmen.

Wille

Der Wille ist im Kenjutsu entscheidend. Es erfordert unerschütterliche Entschlossenheit, sich Herausforderungen zu stellen und diese zu überwinden.

Business-Vergleich:

Im Geschäftsleben ermöglicht der Wille, Hindernisse zu überwinden und sich auf die langfristigen Ziele zu konzentrieren. Führungskräfte mit einem starken Willen bleiben auch in schwierigen Situationen standhaft und setzen ihre Vision konsequent um.

Vertrauen

Im Kenjutsu spielt Vertrauen eine große Rolle – in das eigene Können, das Training und die Intuition.

Business-Vergleich:

In der Geschäftswelt ist Vertrauen ebenfalls entscheidend. Führungskräfte, die Vertrauen in sich selbst und ihr Team haben, treffen bessere Entscheidungen. Vertrauen fördert die Zusammenarbeit und sorgt für eine positive Arbeitsatmosphäre.

Mut

Kenjutsu erfordert Mut – den Mut, sich dem Gegner zu stellen und entschlossen zu handeln, auch wenn das Risiko groß ist.

Business-Vergleich:

Im Geschäftsleben bedeutet Mut, kalkulierte Risiken einzugehen und mutige Entscheidungen zu treffen. Es erfordert, die Komfortzone zu verlassen und neue Wege zu gehen, um Innovationen voranzutreiben und das Unternehmen auf Erfolgskurs zu halten.

Fazit: Die Weisheit von Kenjutsu im Business

Kenjutsu lehrt uns, dass Erfolg durch Einfachheit, Effizienz und Intelligenz in der Aktion erreicht wird. Diese Prinzipien lassen sich mühelos auf die Geschäftswelt übertragen und bieten Führungskräften einen klaren Weg, wie sie Herausforderungen bewältigen, ihre Ziele erreichen und ihr Unternehmen erfolgreich führen können. Ob es darum geht, die richtige Einstellung zu kultivieren, Charisma zu zeigen, strategische Entscheidungen zu treffen oder mutige Risiken einzugehen – die Lehren aus Kenjutsu bieten wertvolle Einblicke und Werkzeuge, um im Business zu bestehen.

Angriff, Verteidigung, Nicht-Ziehen des Schwertes und Herangehensweise an den Sieg:

Von Bernd Höhle Kampfkunst-Experte, Weltrekordler

a) Angriff:

Im Kenjutsu ist eine strategische Herangehensweise an den Angriff entscheidend und betont Präzision und Timing. Im Geschäftsumfeld kann der Angriff als das Ergreifen proaktiver Maßnahmen, die Nutzung von Chancen und das assertive Verfolgen von Zielen betrachtet werden. Dies erfordert Kühnheit, Initiative und kalkulierte Aktionen, um einen Wettbewerbsvorteil zu erlangen.

b) Verteidigung:

Kenjutsu legt großen Wert auf Verteidigungstechniken zum Schutz des Selbst. Im Geschäftsumfeld beinhaltet Verteidigung, sich gegen potenzielle Risiken, Herausforderungen und Wettbewerber zu schützen. Dazu gehört die Vorbereitung, das Vorhandensein von Notfallplänen und die Anpassung an unerwartete Umstände, um langfristige Nachhaltigkeit sicherzustellen.

c) Nicht-Ziehen des Schwertes:

Im Kenjutsu bedeutet das Konzept des Nicht-Ziehens des Schwertes eine strategische Zurückhaltung. In der Geschäftswelt übersetzt sich dieses Konzept in die Kenntnis davon, wann auf die Verfolgung einer bestimmten Handlungsweise verzichtet werden sollte. Dies beinhaltet die Überlegung alternativer Ansätze, die Erkenntnis, wann Ressourcen geschont werden sollten und die kluge Auswahl von Auseinandersetzungen, um Effizienz und Effektivität zu maximieren.

d) Wie man gewinnt:

Im Kenjutsu kann der Sieg verschiedene Ergebnisse umfassen, von der Ausschaltung von Gegnern über den Erreichen entscheidender Siege bis hin zur Aufrechterhaltung der Harmonie. Im Geschäftsleben kann Gewinnen das Erreichen bestimmter Ziele, das Übertreffen von Wettbewerbern oder das Fördern beiderseitig vorteilhafter Partnerschaften bedeuten. Es erfordert eine durchdachte Analyse von Zielen und die strategische Umsetzung effektiver Pläne, um Erfolg zu erzielen.

e) Tod oder Ausschaltung:

Kenjutsu verleiht Praktizierenden die Fähigkeit, Konfrontationen effizient zu eliminieren oder endgültig zu beenden. In der Geschäftswelt übersetzt sich dieses Konzept in Entscheidungen, die Hindernisse beseitigen oder Chancen mit größtmöglicher Effizienz nutzen. Es erfordert die Identifizierung der effektivsten Mittel zur Erreichung der gewünschten Ergebnisse unter Minimierung negativer Konsequenzen.

f) Nachgeben und Täuschen:

Im Kenjutsu wird Nachgeben nicht als Niederlage, sondern als strategische Entscheidung gesehen, die eigene Sicherheit zu bewahren oder den Verlauf der Schlacht zu ändern. In der Geschäftsentscheidungsfindung kann Nachgeben damit verbunden sein, zu erkennen, wann es vorteilhafter ist, sich aus einer bestimmten Situation zurückzuziehen oder alternative Wege zur Erreichung von Zielen zu finden. Es ist jedoch wichtig zu betonen, dass dies nicht die Kompromittierung der Integrität oder die Beteiligung an unethischem Verhalten befürwortet.

Täuschen hingegen widerspricht den Grundsätzen sowohl von Kenjutsu als auch von ethischem Geschäftsverhalten. Im Kenjutsu wird betont, Fairness, Ehre und Respekt vor den Regeln aufrechtzuerhalten, um die Integrität der Praxis zu bewahren. Im Geschäftsumfeld gelten dieselben Prinzipien, wobei Ehrlichkeit, Integrität und ethisches Verhalten die Grundlagen für den Aufbau von Vertrauen, die Pflege von Beziehungen und den langfristigen Erfolg bilden.

Business meets Kampfkunst: Ein Vergleich

Von Chris Hohlstamm von Dehnen Business-High-Performer

Die Prinzipien von Kenjutsu, der traditionellen japanischen Schwertkunst, bieten eine wertvolle Grundlage, um Parallelen zur Geschäftswelt zu ziehen. Im Kern geht es um Strategie, Präzision und Respekt vor ethischen Werten – Konzepte, die auch im Business entscheidend sind. Hier sind die Äquivalente der Kenjutsu-Prinzipien für den geschäftlichen Kontext:

a) Angriff: Proaktive Maßnahmen und Chancen ergreifen

Im Kenjutsu ist der Angriff eine sorgfältig geplante Aktion, die auf Präzision und Timing beruht. Der erfolgreiche Angriff bedeutet, im richtigen Moment die Initiative zu ergreifen.

Business-Vergleich:

In der Geschäftswelt bedeutet „Angriff", proaktive Maßnahmen zu ergreifen, Chancen zu nutzen und aggressive, aber kluge Schritte zu unternehmen, um einen Wettbewerbsvorteil zu erlangen. Dies könnte die Einführung neuer Produkte, den Eintritt in neue Märkte oder das Umsetzen mutiger Geschäftsentwicklungen bedeuten. Es erfordert Entschlossenheit, Initiative und eine kalkulierte Strategie, um Risiken zu minimieren und Erfolg zu maximieren.

b) Verteidigung:

Risiken managen und Herausforderungen bewältigen Kenjutsu legt großen Wert auf Verteidigungstechniken, um sich vor Angriffen zu schützen. Im Schwertkampf ist es entscheidend, sich gegen feindliche Angriffe zu verteidigen, um die eigene Sicherheit zu gewährleisten.

Business-Vergleich:

Im Geschäftsumfeld bedeutet „Verteidigung", sich vor potenziellen Bedrohungen wie wirtschaftlichen Risiken, rechtlichen Problemen oder aggressiven Wettbewerbern zu schützen. Unternehmen tun dies durch die Entwicklung von Risikomanagementstrategien, die Einführung von Notfallplänen und die Sicherstellung, dass sie auf unerwartete Herausforderungen vorbereitet sind. Eine gute Verteidigung bedeutet, langfristige Nachhaltigkeit sicherzustellen und das Unternehmen vor externen Bedrohungen zu schützen.

c) Nicht-Ziehen des Schwertes: Strategische Zurückhaltung

Im Kenjutsu ist das Nicht-Ziehen des Schwertes eine bewusste Entscheidung, bei der man eine Auseinandersetzung vermeidet und stattdessen auf strategische Zurückhaltung setzt. Es geht darum zu erkennen, wann es besser ist, keine Aktion zu ergreifen.

Business-Vergleich:

Im Geschäft bedeutet das „Nicht-Ziehen des Schwertes", zu wissen, wann es klüger ist, auf eine Handlung zu verzichten.

Unternehmen müssen manchmal darauf verzichten, bestimmte Ressourcen in ein riskantes Projekt zu investieren oder auf einen Konkurrenzkampf einzugehen, wenn der potenzielle Nutzen nicht die Risiken rechtfertigt. Diese Zurückhaltung ermöglicht es, Ressourcen zu schonen und sich auf lohnendere Möglichkeiten zu konzentrieren.

d) Wie man gewinnt: Erfolgreiche Strategien und Ziele erreichen

Im Kenjutsu kann der Sieg viele Formen annehmen, von der Ausschaltung eines Gegners bis zur Beendigung eines Kampfes mit minimaler Gewalt. Der Fokus liegt auf der Erreichung des Ziels mit minimalem Aufwand und maximaler Effektivität.

Business-Vergleich:

Im Geschäftsleben kann das Gewinnen ebenfalls verschiedene Formen annehmen – das Erreichen von Unternehmenszielen, das Übertreffen von Wettbewerbern oder das Fördern von Win-Win-Partnerschaften. Unternehmen müssen klare Ziele haben und effektive Strategien entwickeln, um diese zu erreichen. Der „Sieg" im Business bedeutet nicht immer, den Gegner zu zerstören, sondern kann auch darin bestehen, profitable und nachhaltige Geschäftsbeziehungen aufzubauen.

e) Tod oder Ausschaltung: Effektive Problemlösungen

Kenjutsu gibt den Praktizierenden die Fähigkeit, einen Kampf endgültig zu beenden, sei es durch den Tod des Gegners oder dessen Ausschaltung. Es geht darum, das Problem zu lösen und den Konflikt schnell und effizient zu beenden.

Business-Vergleich:

Im Business bedeutet „Tod oder Ausschaltung", Hindernisse schnell und endgültig zu beseitigen. Das könnte die Entscheidung sein, eine unrentable Geschäftslinie zu schließen, eine nicht profitable Partnerschaft zu beenden oder sich aggressiv gegen Wettbewerber durchzusetzen. Es geht darum, Probleme mit maximaler Effizienz zu lösen, damit das Unternehmen nicht von unnötigen Belastungen gebremst wird.

f) Nachgeben und Täuschen: Strategische Flexibilität und ethisches Verhalten

Im Kenjutsu wird Nachgeben nicht als Niederlage betrachtet, sondern als strategische Entscheidung, um eine spätere Gelegenheit zu schaffen oder die Sicherheit zu bewahren. Täuschen hingegen widerspricht den ethischen Grundsätzen des Kenjutsu.

Business-Vergleich (Nachgeben):

Im Geschäftsleben kann Nachgeben eine kluge, strategische Entscheidung sein, wenn eine Situation nicht gewinnbringend oder risikoreich ist. Es kann sinnvoll sein, eine bestimmte Strategie oder einen Markt aufzugeben, um Ressourcen für wichtigere Projekte zu sparen. Diese Form der Flexibilität ist entscheidend für den langfristigen Erfolg eines Unternehmens.

Business-Vergleich (Täuschen):

Täuschen ist in der Geschäftswelt genauso verpönt wie im Kenjutsu. Unethisches Verhalten wie Betrug oder Irreführung schadet langfristig dem Ruf und den Beziehungen eines Unternehmens. Ehrlichkeit, Integrität und Fairness bilden die Grundlage für langfristigen Erfolg und Vertrauen in der Geschäftswelt.

Fazit: Kenjutsu-Prinzipien als Geschäftsstrategien

Kenjutsu lehrt uns nicht nur, wie man in einem Kampf siegt, sondern auch, wie man die richtigen Strategien im Geschäftsleben anwendet. Angriff bedeutet, Chancen zu nutzen und Risiken zu kalkulieren. Verteidigung beinhaltet den Schutz des Unternehmens vor Bedrohungen. Strategische Zurückhaltung, wie das Nicht-Ziehen des Schwertes, hilft, Ressourcen zu schonen und überlegene Entscheidungen zu treffen. Der Schlüssel zum Erfolg liegt darin, durchdachte, ethische und effektive Strategien zu entwickeln, die das Unternehmen auf lange Sicht erfolgreich machen.

Aufmerksamkeit & Fokus

Von Bernd Höhle Kampfkunst-Experte, Weltrekordler

(Zielgerichtetes Handeln im "Hier und Jetzt")

Martial-Arts-Strategien können wertvolle Einblicke und Techniken bieten, die in verschiedenen Lebensbereichen, einschließlich der Geschäftswelt, anwendbar sind. Eine solche Kampfkunst, Kenjutsu genannt, mit ihrem Schwerpunkt auf Einfachheit, Effizienz und intelligentem Handeln, bietet eine Reihe von Vorteilen, einschließlich der Schärfung von Aufmerksamkeit und Fokus. In diesem Artikel werden wir erkunden, wie die Kultivierung von Aufmerksamkeit und Fokus durch Kenjutsu in Erfolg im Bereich von Geschäftsstrategien umgesetzt werden kann.

- **Die Kraft von Aufmerksamkeit & Fokus:**

Aufmerksamkeit und Fokus sind entscheidend, um Ziele zu erreichen und sich im Wettbewerb einen Vorsprung zu sichern. Kenjutsu basiert auf dem Prinzip, vollständig im Moment präsent zu sein und alle Aufmerksamkeit und Konzentration auf ein bestimmtes Ziel zu richten. Indem der Geist darauf trainiert wird, vollständig im "Hier und Jetzt" versunken zu bleiben, können Praktizierende eine gesteigerte Konzentration, unerschütterliche Aufmerksamkeit und ein scharfes Bewusstsein für ihre Umgebung entwickeln.

- Zielgerichtetes Handeln:

Kenjutsu verlangt zielgerichtetes Handeln, bei dem jede Bewegung und Technik einem bestimmten Zweck dient. Dieser Ansatz harmoniert gut mit effektiven Geschäftsstrategien, bei denen gezielte Maßnahmen erforderlich sind, um Ziele zu erreichen und die Effizienz zu maximieren. Indem Einzelpersonen die Prinzipien von Kenjutsu übernehmen, können sie sich darauf trainieren, Situationen zu analysieren, klare Ziele zu setzen und präzise, zielgerichtete Handlungen auszuführen, wodurch eine fokussierte, ergebnisorientierte Denkweise im Geschäftsbereich gefördert wird.

- Übertragung von Erkenntnissen auf Geschäftsstrategien:

Kenjutsu fördert nicht nur das persönliche Wachstum einer Einzelperson, sondern bietet auch wertvolle Lektionen, die auf verschiedene Aspekte von Geschäftsstrategien angewendet werden können. Durch die Integration der Prinzipien von Aufmerksamkeit und Fokus können Geschäftsleute ihre Abläufe optimieren, Prozesse verbessern, bessere Entscheidungen treffen, sich an veränderte Umgebungen anpassen und letztendlich Erfolg in ihren Unternehmungen erzielen.

Kampfkunst meets Business: Der Vergleich

Von Chris Hohlstamm von Dehnen Business-High-Performer

1. Die Kraft von Aufmerksamkeit & Fokus im Business:

In einer dynamischen Geschäftswelt ist die Fähigkeit, Aufmerksamkeit und Fokus auf ein bestimmtes Ziel zu richten, ein entscheidender Wettbewerbsvorteil. Ähnlich wie im Kenjutsu, wo der Praktizierende vollständig im "Hier und Jetzt" präsent ist, profitieren Unternehmen davon, wenn Führungskräfte und Teams ihre Aufmerksamkeit bewusst auf die aktuellen Prioritäten und langfristigen Ziele lenken.

Ein klarer Fokus steigert die Produktivität und hilft, Ablenkungen zu minimieren, was es ermöglicht, schneller und effektiver auf Herausforderungen zu reagieren und Chancen zu ergreifen.

2. Zielgerichtetes Handeln im Business:

Kenjutsu lehrt, dass jede Bewegung und Technik einem bestimmten Zweck dienen muss – ein Prinzip, das hervorragend auf Geschäftsstrategien angewendet werden kann. Im Business ist zielgerichtetes Handeln essenziell, um Ressourcen optimal zu nutzen und eine klare, ergebnisorientierte Denkweise zu fördern.

Führungskräfte und Teams, die sich an diesen Prinzipien orientieren, analysieren Situationen sorgfältig, setzen klare Ziele und handeln präzise und fokussiert, was die Effizienz steigert und das Erreichen von Unternehmenszielen unterstützt.

3. Übertragung von Kenjutsu-Prinzipien auf Geschäftsstrategien:

Kenjutsu vermittelt wertvolle Lektionen, die direkt auf den Aufbau und die Optimierung von Geschäftsstrategien angewendet werden können. Unternehmen, die diese Prinzipien der Aufmerksamkeit und des fokussierten Handelns in ihre Arbeitsweise integrieren, können ihre Prozesse effizienter gestalten, Abläufe optimieren und sich schneller an Marktveränderungen anpassen. Diese adaptiven Fähigkeiten verbessern die Entscheidungsfindung und fördern nachhaltigen Erfolg, da das gesamte Team strategisch und fokussiert auf gemeinsame Ziele hinarbeitet.

Identität & Präsenz

(Wirkung, externe und Selbstwahrnehmung, Positionierung und Bewertung von Stärken)

Von Bernd Höhle Kampfkunst-Experte, Weltrekordler

In der Geschäftswelt machen eine starke Identität und Präsenz einen großen Unterschied. Eine Kampfkunst, die in diesem Bereich helfen kann, ist Kenjutsu. Lassen Sie uns herausfinden, wie Kenjutsu mit seiner Einfachheit, Effizienz und Intelligenz in der Aktion zur Identität und Präsenz in der Geschäftswelt beiträgt.

- ## Wirkung:

Kenjutsu geht nicht nur um Bewegungen; es geht darum, einen Einfluss zu haben. Im Geschäft sollten Ihre Handlungen Spuren hinterlassen. Kenjutsu lehrt, dass jede Bewegung einen Zweck erfüllen sollte, genauso wie jede geschäftliche Entscheidung eine positive Wirkung haben sollte.

- ## Externe und Selbstwahrnehmung:

Wie andere Sie sehen und wie Sie sich selbst sehen, spielt eine Rolle. Kenjutsu betont, vollständig im Moment präsent zu sein. Diese Denkweise hilft dabei, ein positives äußeres Bild aufzubauen und das Selbstvertrauen von innen heraus zu stärken, wesentliche Elemente für eine erfolgreiche Geschäftspersönlichkeit.

- Positionierung:

In Kenjutsu ist Ihre Position in einem Kampf entscheidend. Ebenso ist es im Geschäft wichtig, wie Sie sich auf dem Markt positionieren. Kenjutsu lehrt die Kunst der strategischen Positionierung, die angewendet werden kann, um für Ihr Unternehmen in einer wettbewerbsintensiven Umgebung einen Platz zu schaffen.

- Bewertung von Stärken:

Kenjutsu erfordert das Verständnis Ihrer Stärken und Schwächen. Das Gleiche gilt für das Geschäft. Zu wissen, worin Sie gut sind und wo Sie Verbesserungen benötigen, ist entscheidend. Diese Selbstbewertung durch Kenjutsu kann einen entscheidenden Unterschied machen, um Ihr Unternehmen zum Erfolg zu führen.

Kenjutsu mehr als nur physische Fähigkeiten mit sich. Es bringt eine Denkweise mit sich - eine, die darauf abzielt, einen positiven Einfluss zu haben, zu verstehen, wie Sie wahrgenommen werden, sich strategisch zu positionieren und Ihre Stärken zu kennen. Diese Aspekte sind in der Geschäftswelt von unschätzbarem Wert und machen Kenjutsu nicht nur zu einer Kampfkunst, sondern zu einer Geschäftsstrategie an sich.

Business meets Kampfkunst: Ein Vergleich

Von Chris Hohlstamm von Dehnen Business-High-Performer

1. Wirkung:

Kenjutsu lehrt, dass jede Bewegung und Handlung eine tiefere Bedeutung haben und eine bleibende Wirkung hinterlassen sollte. Im Geschäftsleben ist es ähnlich: Jede Entscheidung, jedes Projekt und jede Strategie, sollte darauf abzielen, einen positiven und nachhaltigen Einfluss zu erzielen. Handlungen, die mit einer klaren Absicht ausgeführt werden, hinterlassen Spuren und tragen langfristig zur Unternehmensvision und zum Erfolg bei. Führungskräfte und Teams, die diese Haltung übernehmen, schaffen eine Unternehmenskultur, die auf Beständigkeit und Wirkung setzt.

2. Externe und Selbstwahrnehmung:

In Kenjutsu ist es entscheidend, wie der Kämpfer sich selbst sieht und wie andere ihn wahrnehmen. Im Business-Kontext sind die externe Wahrnehmung und das Selbstbewusstsein ebenfalls zentral. Wie ein Unternehmen oder eine Führungskraft von außen wahrgenommen wird, beeinflusst den Geschäftserfolg maßgeblich. Gleichzeitig stärkt eine klare Selbstwahrnehmung das innere Vertrauen, was im Umgang mit Herausforderungen und in Verhandlungssituationen einen großen Unterschied macht. Die Fähigkeit, authentisch aufzutreten und im Moment präsent zu sein, hilft Unternehmen, ein starkes und glaubwürdiges Image aufzubauen.

3. Positionierung:

Die Kunst der Positionierung ist im Kenjutsu entscheidend, um in einem Kampf den entscheidenden Vorteil zu erzielen. In der Geschäftswelt ist die Positionierung auf dem Markt ebenso wichtig. Ein Unternehmen, das sich strategisch positioniert und eine klare Marktnische findet, kann sich von der Konkurrenz abheben und einen Wettbewerbsvorteil schaffen. Kenjutsu lehrt, dass die richtige Position im richtigen Moment den Ausgang eines Kampfes beeinflussen kann – im Business hilft eine starke Positionierung dabei, die eigene Marktpräsenz und das Markenimage zu stärken.

4. Bewertung von Stärken:

Kenjutsu setzt voraus, dass der Kämpfer seine Stärken und Schwächen kennt und entsprechend agiert. Im Business ist diese Selbsterkenntnis ebenfalls essenziell. Führungskräfte und Teams, die ihre Stärken verstehen und gleichzeitig ihre Schwächen kennen, sind besser in der Lage, strategische Entscheidungen zu treffen und sich auf Bereiche zu konzentrieren, die Wachstum und Erfolg fördern. Eine ehrliche Selbstbewertung hilft dabei, Ressourcen optimal einzusetzen und gezielt an Verbesserungen zu arbeiten.

5. Kenjutsu als Geschäftsstrategie

Kenjutsu vermittelt mehr als nur physische Techniken – es fördert eine Denkweise, die Wert auf eine nachhaltige Wirkung, eine authentische Wahrnehmung, eine strategische Positionierung und eine fundierte Selbstbewertung legt. Diese Prinzipien sind in der Geschäftswelt von unschätzbarem Wert und machen Kenjutsu zu mehr als einer Kampfkunst; sie bieten eine ganzheitliche Strategie für nachhaltigen Geschäftserfolg.

Innere Stärke

(Selbstvertrauen, Gelassenheit, Widerstandsfähigkeit, Selbstreflexion und Mut)

Von Bernd Höhle Kampfkunst-Experte, Weltrekordler

In der Geschäftswelt ist innere Stärke von unschätzbarem Wert. Kenjutsu, mit seiner Einfachheit, Effizienz und Intelligenz in der Aktion, bietet eine Fülle von Vorteilen, darunter die Entwicklung innerer Stärke. Hier sehen wir, wie die Prinzipien des Kenjutsu die persönliche Entwicklung fördern und wie diese Qualitäten in der Geschäftswelt von Bedeutung sind.

- Selbstvertrauen:

Kenjutsu lehrt, sich auf die eigenen Fähigkeiten zu verlassen. Dies stärkt das Selbstvertrauen, ein Schlüsselelement für erfolgreiche Unternehmer. Das Vertrauen in die eigenen Entscheidungen und Fähigkeiten ermöglicht es, souverän und überzeugend aufzutreten.

- Gelassenheit:

Die Ruhe in stressigen Situationen ist ein weiterer Gewinn aus Kenjutsu. Der klare Geist, den diese Kampfkunst fördert, hilft, auch in herausfordernden Geschäftssituationen einen kühlen Kopf zu bewahren. Gelassenheit ist die Grundlage für kluge Entscheidungen.

- **Widerstandsfähigkeit:**

In Kenjutsu lernt man, Rückschläge zu überwinden. Diese Fähigkeit zur Widerstandsfähigkeit überträgt sich auf die Geschäftswelt. Unvorhergesehene Herausforderungen werden nicht als Hindernisse, sondern als Chancen für persönliches und berufliches Wachstum betrachtet.

- **Selbstreflexion:**

Kenjutsu fördert die Fähigkeit zur Selbstreflexion. Dies ermöglicht es, eigene Stärken und Schwächen besser zu verstehen. In der Geschäftswelt ist Selbstkenntnis ein unschätzbarer Vorteil, um effektiver zu führen und Entscheidungen zu treffen.

- **Mut:**

Mut ist ein zentraler Aspekt von Kenjutsu. Das Überwinden von Ängsten und das Eingehen von Herausforderungen sind integrale Bestandteile dieser Kampfkunst. Im Geschäftsumfeld ermöglicht Mut das Eingehen von Risiken und das Streben nach Innovation.

Innere Stärke durch Kenjutsu ist nicht nur ein persönlicher Gewinn, sondern auch ein entscheidender Faktor für den Erfolg in der Geschäftswelt. Selbstvertrauen, Gelassenheit, Widerstandsfähigkeit, Selbstreflexion und Mut sind Eigenschaften, die nicht nur im Training, sondern auch in jedem Geschäftsbereich von unschätzbarem Wert sind.

Business meets Kampfkunst: Ein Vergleich

Innere Stärke durch Kenjutsu-Prinzipien

Von Chris Hohlstamm von Dehnen Business-High-Performer

1. Selbstvertrauen:

Kenjutsu lehrt, auf die eigenen Fähigkeiten zu vertrauen, was direkt auf die Geschäftswelt übertragbar ist. Für Unternehmer ist Selbstvertrauen entscheidend, um sich in einem wettbewerbsintensiven Umfeld zu behaupten. Führungskräfte, die an ihre Entscheidungen und Fähigkeiten glauben, treten souverän und überzeugend auf, was das Vertrauen von Mitarbeitern, Partnern und Kunden stärkt. Dieses Selbstvertrauen bildet die Grundlage für effektive Führung und strategisches Handeln.

2. Gelassenheit:

In Kenjutsu wird die Fähigkeit geschult, auch in angespannten Situationen einen klaren Kopf zu bewahren. Diese Gelassenheit ist in der Geschäftswelt von unschätzbarem Wert. Ein ruhiger Geist ermöglicht es, selbst in stressigen Momenten kluge Entscheidungen zu treffen und vorausschauend zu handeln. Unternehmer und Führungskräfte, die Gelassenheit kultivieren, können ihre Teams stabil führen und haben eine erhöhte Resilienz gegenüber Drucksituationen.

3. Widerstandsfähigkeit:

Rückschläge und Herausforderungen sind ein natürlicher Teil des Weges in Kenjutsu – wie auch im Business. Die Fähigkeit, in schwierigen Zeiten standhaft zu bleiben und Rückschläge als

Wachstumschancen zu betrachten, stärkt die Widerstandsfähigkeit. Führungskräfte und Unternehmen, die resilient sind, entwickeln eine positive Einstellung gegenüber Veränderungen und sind besser in der Lage, sich an neue Marktbedingungen anzupassen.

4. Selbstreflexion:

Kenjutsu fördert die Selbstreflexion, was auch in der Geschäftswelt ein wertvolles Werkzeug ist. Unternehmer, die ihre eigenen Stärken und Schwächen gut kennen, können gezielt an ihrer Entwicklung arbeiten und Entscheidungen bewusster treffen. Selbstreflexion fördert eine authentische Führung und schafft die Basis für langfristiges persönliches und unternehmerisches Wachstum.

5. Mut:

Mut ist ein zentrales Element im Kenjutsu, das Überwindung von Angst und das Annehmen von Herausforderungen fordert. Im Business bedeutet dies, Risiken einzugehen und sich auf neue, oft unbekannte Wege zu wagen. Unternehmerischer Mut ist notwendig, um Innovation voranzutreiben und das Unternehmen auf die nächste Stufe zu bringen. Führungskräfte, die mutig sind, inspirieren auch ihre Teams dazu, mit Entschlossenheit und Zuversicht an neuen Projekten zu arbeiten.

Zusammenfassung

Die Prinzipien des Kenjutsu, wie Selbstvertrauen, Gelassenheit, Widerstandsfähigkeit, Selbstreflexion und Mut, sind mehr als nur persönliche Stärken – sie sind essenziell für den Erfolg in der Geschäftswelt. Diese innere Stärke, die durch Kenjutsu kultiviert wird, ermöglicht es Führungskräften, besser mit den Herausforderungen des Business umzugehen, und verleiht dem Unternehmen eine belastbare und dynamische Grundlage für nachhaltigen Erfolg.

(Gerechtigkeit, Empathie, Ruhe & klare Position, Gewinnen ohne zu kämpfen, das Gesicht des anderen wahren)

Von Bernd Höhle Kampfkunst-Experte, Weltrekordler

Kenjutsu, die Kunst der japanischen Schwertkampfführung, bringt nicht nur physische Fähigkeiten, sondern auch wertvolle Fähigkeiten im Konfliktmanagement mit sich. Schauen wir uns an, wie die Prinzipien von Kenjutsu dazu beitragen, Konflikte im Geschäftsumfeld erfolgreich zu bewältigen.

- **Gerechtigkeit:**

Kenjutsu lehrt Gerechtigkeit. In Geschäftskonflikten ist es wichtig, fair und gerecht zu handeln. Die Prinzipien von Kenjutsu fördern ein Verständnis für Gerechtigkeit und helfen dabei, gerechte Lösungen für Konflikte zu finden.

- **Empathie:**

Empathie ist entscheidend im Konfliktmanagement. Kenjutsu betont das Verständnis für den Gegner, um seine Bewegungen vorherzusehen. Diese empathische Fähigkeit kann im Geschäftsbereich dazu beitragen, die Perspektiven anderer zu verstehen und Konflikte auf eine konstruktive Weise anzugehen.

- **Ruhe & klare Position:**

In der Hitze des Gefechts ist Ruhe wichtig. Kenjutsu lehrt, ruhig zu bleiben und eine klare Position zu wahren. Im Geschäftsumfeld hilft dies dabei, einen kühlen Kopf zu bewahren und klare Standpunkte zu vertreten, selbst in herausfordernden Situationen.

- **Gewinnen, ohne zu kämpfen:**

Kenjutsu lehrt, ohne Kämpfe zu gewinnen. Im Geschäftsumfeld bedeutet dies, dass nicht jeder Konflikt direkt bekämpft werden muss. Man kann Ziele erreichen, ohne in einen offenen Konflikt zu geraten, indem man klug handelt und strategisch vorgeht.

- **Das Gesicht des anderen wahren:**

"Das Gesicht wahren" ist ein wichtiger Aspekt in Kenjutsu und im Geschäft. Es bedeutet, die Würde und Achtung des Gegners oder Konfliktpartners zu bewahren, auch wenn man gewinnt. Diese Respektgeste fördert eine positive Geschäftsumgebung.

Kenjutsu mit seinen Prinzipien dazu bei, Konflikte im Geschäftsumfeld auf eine gerechte, empathische und intelligente Weise zu managen. Die Fähigkeit, ruhig zu bleiben, ohne unnötige Kämpfe zu führen, und dabei das Gesicht des anderen zu wahren, macht Kenjutsu zu einer wertvollen Ressource für erfolgreiches Konfliktmanagement in der Geschäftswelt.

Business meets Kampfkunst: Ein Vergleich

Business-Vergleich: Konfliktmanagement durch Kenjutsu-Prinzipien

Von Chris Hohlstamm von Dehnen Business-High-Performer

1. Gerechtigkeit:

In Kenjutsu spielt Gerechtigkeit eine zentrale Rolle – das Handeln soll fair und respektvoll sein. Übertragen auf das Business bedeutet dies, Konflikte mit einem Sinn für Fairness zu lösen. Führungskräfte, die gerechte Entscheidungen treffen, schaffen eine Unternehmenskultur des Vertrauens und der Integrität. Die Prinzipien von Kenjutsu fördern ein Bewusstsein dafür, Konflikte gerecht zu behandeln und Lösungen zu finden, die für alle Beteiligten fair und akzeptabel sind.

2. Empathie:

Kenjutsu betont das Verständnis für den Gegner, um seine Bewegungen vorauszuahnen. Im Geschäftsleben ist Empathie besonders im Konfliktmanagement wertvoll. Führungskräfte und Teammitglieder, die die Perspektiven anderer verstehen und sich in deren Lage versetzen können, sind besser in der Lage, Konflikte konstruktiv anzugehen. Diese empathische Haltung erleichtert den Dialog und fördert eine positive, kooperative Arbeitsatmosphäre.

3. Ruhe & klare Position:

Die Fähigkeit, in der Hitze des Gefechts ruhig zu bleiben und eine klare Position zu bewahren, ist sowohl im Kenjutsu als auch im Business wichtig. Im Geschäftsleben ermöglicht diese Ruhe, auch in herausfordernden Situationen einen kühlen Kopf zu bewahren und klare, fundierte Entscheidungen zu treffen. Führungskräfte, die diese Haltung verkörpern, vermitteln Stabilität und Zuversicht und können ihre Standpunkte überzeugend vertreten, ohne die Kontrolle zu verlieren.

4. Gewinnen, ohne zu kämpfen:

Kenjutsu lehrt, dass man Konflikte nicht immer direkt bekämpfen muss, um zu gewinnen. Im Business bedeutet dies, dass nicht jeder Konflikt durch Konfrontation gelöst werden muss.

Ziele können oft durch diplomatisches Handeln und strategische Überlegungen erreicht werden, was hilft, unnötige Spannungen zu vermeiden und Ressourcen zu schonen. Diese Fähigkeit, „ohne zu kämpfen zu gewinnen", fördert eine harmonische und produktive Geschäftsumgebung.

5. Das Gesicht des anderen wahren:

Im Kenjutsu wird großen Wert daraufgelegt, das „Gesicht des Gegners zu wahren" – seine Würde und seinen Respekt zu bewahren, selbst wenn man den Konflikt für sich entscheidet. In der Geschäftswelt ist es ebenso wichtig, das Ansehen und die Achtung des Gegenübers zu wahren, auch bei Meinungsverschiedenheiten. Diese respektvolle Haltung stärkt die Beziehungen im Unternehmen und trägt dazu bei, ein positives, respektvolles Arbeitsklima zu schaffen.

Zusammenfassung

Die Prinzipien von Kenjutsu – Gerechtigkeit, Empathie, Ruhe, strategisches Handeln und Respekt – bieten wertvolle Ansätze für das Konfliktmanagement im Business. Führungskräfte, die Konflikte auf gerechte und empathische Weise angehen und dabei das Ansehen aller Beteiligten respektieren, schaffen eine Umgebung, in der Konflikte produktiv gelöst werden und das Unternehmen als Ganzes gestärkt wird. Kenjutsu ist somit nicht nur eine Kampfkunst, sondern auch eine wertvolle Ressource für intelligente, respektvolle und effektive Konfliktbewältigung in der Geschäftswelt.

(Verantwortung tragen und Individualität und Potenzial erkennen und fördern)

Von Bernd Höhle Kampfkunst-Experte, Weltrekordler

In der Geschäftswelt sind starke Teams und die Beziehung zwischen Meister und Schüler von unschätzbarem Wert. Kenjutsu, eine Kampfkunst, bringt diese Vorteile mit sich. Schauen wir uns an, wie Kenjutsu Teamstärke und die Meister-Schüler-Beziehung im Geschäftsleben predigt.

● **Teamstärke:**

In Kenjutsu wird die Bedeutung eines starken Teams betont. Im Geschäftsumfeld trägt dies dazu bei, dass Teammitglieder Verantwortung teilen, sich aufeinander verlassen und gemeinsam auf Ziele hinarbeiten. Die Prinzipien des Zusammenhalts und der Unterstützung im Kenjutsu können auf Geschäftsteams übertragen werden.

● **Meister-Schüler-Beziehung:**

Die Beziehung zwischen Meister und Schüler ist geprägt von Respekt, Verantwortung und der Förderung von Potenzialen. Im Geschäftsumfeld bedeutet dies, dass erfahrene Führungskräfte Verantwortung übernehmen, die Stärken ihrer Teammitglieder erkennen und individuelle Potenziale fördern. Dies schafft eine positive Dynamik und trägt zum Erfolg des gesamten Teams bei.

- **Verantwortung tragen:**

Kenjutsu lehrt, dass jeder Einzelne im Team Verantwortung tragen sollte. Im Geschäftsumfeld bedeutet dies, dass jedes Teammitglied dazu beiträgt, die gesteckten Ziele zu erreichen. Dies fördert ein Gefühl der Zusammengehörigkeit und stärkt die Teamstärke, was wiederum zu besseren Geschäftsergebnissen führen kann.

- **Individualität und Potenzial erkennen und fördern:**

In der Meister-Schüler-Beziehung im Kenjutsu wird die Einzigartigkeit jedes Schülers erkannt und sein Potenzial gefördert. Im Geschäftsumfeld ist es wichtig, die Vielfalt und individuellen Fähigkeiten jedes Teammitglieds zu schätzen und zu fördern. Dies führt zu einer dynamischen und kreativen Arbeitsumgebung.

Kenjutsu bringt nicht nur physische Fähigkeiten, sondern auch wichtige Prinzipien für starke Teams und die Meister-Schüler-Beziehung mit sich. Diese Prinzipien sind übertragbar auf die Geschäftswelt und tragen dazu bei, eine positive und produktive Teamumgebung zu schaffen.

Business meets Kampfkunst: Ein Vergleich

Teamstärke und die Meister-Schüler-Beziehung durch Kenjutsu-Prinzipien

Von Chris Hohlstamm von Dehnen Business-High-Performer

1. Teamstärke:

Kenjutsu betont die Bedeutung eines starken Teams, in dem jeder Einzelne Verantwortung teilt und sich auf die anderen verlassen kann. Übertragen auf das Geschäftsumfeld bedeutet dies, dass Teammitglieder sich gegenseitig unterstützen und gemeinsam auf die Unternehmensziele hinarbeiten. Führungskräfte, die diese Werte fördern, schaffen ein Umfeld des Zusammenhalts, in dem sich jeder respektiert und verantwortlich fühlt. Ein starkes Team bringt nicht nur mehr Leistung, sondern ist auch widerstandsfähiger gegenüber Herausforderungen.

2. Meister-Schüler-Beziehung:

Die Beziehung zwischen Meister und Schüler im Kenjutsu basiert auf Respekt und der Förderung individueller Potenziale. In der Geschäftswelt spiegelt sich dies in der Beziehung zwischen erfahrenen Führungskräften und ihren Teammitgliedern wider.

Führungskräfte, die Verantwortung übernehmen und sich aktiv um die Entwicklung ihrer Mitarbeiter kümmern, erkennen deren Stärken und fördern gezielt deren Wachstum. Dies stärkt die Teamdynamik und schafft eine Umgebung, in der die Mitarbeitenden motiviert sind, sich weiterzuentwickeln und das Beste zu geben.

3. Verantwortung tragen:

In Kenjutsu wird jeder im Team dazu ermutigt, Verantwortung für das gemeinsame Ziel zu übernehmen. Im Business fördert dies ein starkes Gefühl der Zusammengehörigkeit und gibt jedem Teammitglied die Möglichkeit, zum Erfolg des Unternehmens beizutragen. Wenn alle ihre Verantwortung ernst nehmen, steigert dies die Effizienz und fördert eine Kultur des Engagements und der Eigenverantwortung. Dieses Verantwortungsbewusstsein stärkt nicht nur das Team, sondern sorgt auch für bessere Geschäftsergebnisse.

4. Individualität und Potenziale erkennen und fördern:

Die Meister-Schüler-Beziehung im Kenjutsu zeigt, wie wichtig es ist, die Einzigartigkeit jedes Einzelnen zu schätzen und dessen Potenziale zu fördern. Im Geschäftsumfeld ist es entscheidend, die Vielfalt und individuellen Fähigkeiten jedes Teammitglieds anzuerkennen und zu fördern. Führungskräfte, die dies tun, schaffen eine dynamische und kreative Arbeitsumgebung, in der innovative Ideen entstehen und Mitarbeitende motiviert sind, ihre Stärken einzubringen.

Zusammenfassung

Kenjutsu vermittelt Prinzipien, die weit über physische Fähigkeiten hinausgehen und wertvolle Lehren für das Business bieten. Teamstärke, die Meister-Schüler-Beziehung, die Übernahme von Verantwortung und die Wertschätzung der Individualität tragen alle zu einer positiven und produktiven Teamumgebung bei. Diese Prinzipien fördern nicht nur eine starke Teamdynamik, sondern schaffen auch eine Kultur des Wachstums und der Exzellenz im Unternehmen, die letztlich zum langfristigen Erfolg beiträgt.

Weisheiten - Richte Dein Schwert erst gegen Dein eigenes Ich.

Der Klügere gibt nach.

Von Bernd Höhle Kampfkunst-Experte, Weltrekordler

Ein faszinierender Aspekt der Geschäftswelt ist das Sprichwort: Weisheiten: Richte Dein Schwert erst gegen Dein eigenes Ich. Der Klügere gibt nach.

● **Innere Reflexion:**

Kenjutsu lehrt die Kunst der inneren Reflexion. Bevor du dich mit externen Herausforderungen auseinandersetzt, schaue nach innen. Richte dein metaphorisches Schwert nach innen. Verstehe deine Stärken, Schwächen und Motivationen. Der klügere Ansatz besteht darin, deine internen Kämpfe zu erkennen und anzugehen, bevor du dich externen Feinden stellst.

● **Weisheit im Nachgeben:**

"Der Klügere gibt nach." Kenjutsu betont die Intelligenz des Nachgebens, wenn nötig. Im Geschäft erfordert nicht jede Schlacht eine volle Konfrontation. Manchmal ist der klügere Schachzug, strategisch nachzugeben, Energie für entscheidendere Momente zu sparen. Es geht darum, Schlachten klug zu wählen und Ressourcen für langfristigen Erfolg zu schonen.
Die Prinzipien von "White Things" aus Kenjutsu im Geschäft anzuwenden, bedeutet, sich zuerst selbst zu verstehen und intelli-

gentes Nachgeben zu erkennen. Es ist ein strategischer Ansatz, der über das Physische hinausgeht und wertvolle Einblicke für die Navigation durch die Komplexitäten der Geschäftswelt bietet.

Hinweis: Im geschäftlichen Kontext ist es entscheidend, sich selbst als engagierter Diener nicht nur des Unternehmens und der Vorgesetzten, sondern auch des Kunden zu sehen. Das Ziel, die Wünsche des Kunden zu erfüllen, spiegelte die Ziele weiter wider, ähnlich wie es der Samurai seinen feudalen Herren gegenüber tat. Die höchste Hingabe sollte darauf gerichtet sein, Aufgaben oder Missionen bestmöglich zu erfüllen.

Business meets Kampfkunst: Ein Vergleich

Innere Reflexion und Weisheit des Nachgebens durch Kenjutsu-Prinzipien

Von Chris Hohlstamm von Dehnen Business-High-Performer

1. Innere Reflexion:

Kenjutsu lehrt die Kunst der inneren Reflexion – das Verständnis der eigenen Stärken, Schwächen und Motivationen, bevor man sich äußeren Herausforderungen stellt. Im Business bedeutet dies, dass Führungskräfte und Mitarbeitende sich erst selbst klar darüber werden sollten, was sie antreibt und welche persönlichen Hindernisse es zu überwinden gilt. Diese Selbstkenntnis schafft die Grundlage für nachhaltige Entscheidungen und hilft, interne Konflikte zu lösen, bevor man sich externen Herausforderungen stellt. Ein Team, das seine eigenen Ressourcen, Fähigkeiten und Schwächen versteht, ist besser gerüstet, strategische Entscheidungen zu treffen und Herausforderungen effektiv zu bewältigen.

2. Weisheit im Nachgeben:

Kenjutsu betont die Weisheit des Nachgebens, wenn es strategisch sinnvoll ist. Auch im Geschäftsleben ist es nicht immer notwendig oder sinnvoll, in jeder Situation auf eine Konfrontation hinzuarbeiten. Manchmal liegt die klügere Entscheidung darin, nachzugeben und Ressourcen für entscheidende Momente zu schonen. Die Fähigkeit, Konflikte zu deeskalieren und strategisch nachzugeben, fördert langfristigen Erfolg und erhält Energie für die wirklich wichtigen Herausforderungen. Führungskräfte, die verstehen, wann und wie sie nachgeben sollten, fördern eine Kultur der Weitsicht und stärken die Widerstandsfähigkeit ihres Unternehmens.

3. Die Anwendung von "White Things" aus Kenjutsu im Business:

Die Prinzipien der "White Things" im Kenjutsu erinnern daran, dass sich das Selbstverständnis und das strategische Nachgeben über das Physische hinaus erstrecken und im Business wertvolle Einblicke bieten. Durch innere Reflexion lernen Führungskräfte und Teams, ihre Handlungen im Sinne der Unternehmensziele und der Kundenbedürfnisse auszurichten.

Die höchste Hingabe besteht darin, als „dienende" Kraft sowohl für das Unternehmen als auch für den Kunden zu agieren – ähnlich wie ein Samurai, der seinem Herrn loyal diente. Diese Haltung fördert eine Kultur der Hingabe und Exzellenz, bei der das Ziel ist, Kundenbedürfnisse bestmöglich zu erfüllen und das Unternehmen langfristig erfolgreich zu machen.

Zusammenfassung

Die Prinzipien von Kenjutsu, wie innere Reflexion und strategisches Nachgeben, bieten wertvolle Perspektiven für das Business. Selbstkenntnis und die Fähigkeit, Konflikte klug zu steuern, tragen zu einer stabilen und nachhaltigen Unternehmenskultur bei. Führungskräfte, die diese Weisheiten anwenden, schaffen ein Umfeld, in dem Mitarbeitende motiviert sind, sowohl das Unternehmen als auch die Kunden bestmöglich zu bedienen –

was letztlich den langfristigen Erfolg und die Resilienz des Unternehmens fördert.

Kapitel 2: Lehren aus dem Buch der 5 Ringe

(Miyamoto Musashi) Sun Zhu – Die Kunst des Krieges

Von Bernd Höhle Kampfkunst-Experte, Weltrekordler

Lektion 1: Handeln statt reagieren

Im Kontext der Kampfkunst ist es entscheidend, proaktiv zu handeln und Gegner unter Druck zu setzen. Im Geschäftsleben bedeutet dies, proaktiv Entscheidungen zu treffen, um Chancen zu ergreifen, anstatt lediglich auf Veränderungen zu reagieren. Miyamoto Musashi, Autor des Buches "Die Fünf Ringe", und Sunzi, der Autor von "Die Kunst des Krieges", betonen beide die Wichtigkeit, die Initiative zu ergreifen.

In der Welt der Kampfkünste bedeutet proaktives Handeln, den Gegner ständig zu überraschen, sein Verhalten vorherzusehen und ihn in eine defensive Position zu zwingen. Ähnlich verhält es sich im Geschäftsumfeld. Unternehmen, die erfolgreich sind, handeln nicht nur aufgrund äußerer Umstände, sondern gestalten aktiv ihre Zukunft.

Es geht darum, die Kontrolle zu übernehmen und nicht passiv auf Entwicklungen zu warten. Statt sich von Veränderungen überrollen zu lassen, sollte man vorausschauend agieren und die Richtung des eigenen Handelns bestimmen. In der Welt der Unternehmen bedeutet dies, dass Führungskräfte und Entscheidungsträger sich nicht nur auf bereits vorhandene Probleme konzentrieren, sondern auch proaktiv nach neuen Chancen suchen sollten.

Diese erste Lektion lehrt uns, dass das Agieren statt Reagieren nicht nur in der Kampfkunst, sondern auch im Unternehmensumfeld von entscheidender Bedeutung ist. Wer die Initiative ergreift, kann den Verlauf der Ereignisse beeinflussen und sich einen Vorteil verschaffen.

Business meets Kampfkunst: Ein Vergleich

Handeln statt Reagieren durch die Prinzipien der Kampfkunst

Von Chris Hohlstamm von Dehnen Business-High-Performer

1. Proaktives Handeln anstelle von Reaktion:

In der Kampfkunst ist es entscheidend, proaktiv zu handeln und den Gegner zu überraschen, statt nur zu reagieren. Im Geschäftsleben bedeutet dies, dass erfolgreiche Unternehmen und Führungskräfte die Initiative ergreifen und strategisch vorausdenken, anstatt nur auf externe Veränderungen zu reagieren.

Die Werke von Miyamoto Musashi und Sunzi betonen beide die Bedeutung der Initiative – ein Grundsatz, der genauso im Business Anwendung findet. Führungskräfte, die Chancen frühzeitig erkennen und gezielt nutzen, gestalten die Zukunft ihres Unternehmens aktiv und sichern sich so Wettbewerbsvorteile.

2. Kontrolle und vorausschauendes Handeln:

Proaktives Handeln im Business heißt, die Kontrolle über die eigenen Entscheidungen zu behalten und vorausschauend zu agieren. Unternehmen, die nur auf äußere Umstände reagieren, sind oft im Nachteil und riskieren, von Marktveränderungen überrollt zu werden. Durch vorausschauendes Denken und gezieltes Handeln können Führungskräfte nicht nur auf bestehende Herausforderungen reagieren, sondern auch neue Chancen schaffen. Diese Denkweise fördert eine Kultur der Initiative und der kontinuierlichen Verbesserung, die das Unternehmen resilient und anpassungsfähig macht.

3. Chancen erkennen und nutzen:

Proaktives Handeln bedeutet, dass Führungskräfte nicht nur auf bestehende Probleme konzentriert sind, sondern ständig nach neuen Chancen suchen. Unternehmen, die darauf trainiert sind, Chancen aktiv zu ergreifen, bleiben nicht nur relevant, sondern können den Markt aktiv mitgestalten. Diese Art des Handelns schafft eine Kultur der Wachsamkeit und Innovation, bei der Teams nicht nur Lösungen für aktuelle Herausforderungen entwickeln, sondern auch strategisch an der langfristigen Ausrichtung des Unternehmens arbeiten.

4. Vorteil durch Agieren statt Reagieren:

In der Welt der Kampfkunst verschafft das Agieren anstelle des bloßen Reagierens einen klaren Vorteil, da es den Gegner in die Defensive zwingt. Genauso ist es im Business: Wer die Initiative ergreift und Veränderungen strategisch nutzt, kann die Richtung des eigenen Handelns bestimmen und sich im Markt besser positionieren. Dieser Ansatz gibt dem Unternehmen die Möglichkeit, die Entwicklung des Marktes mitzugestalten und schneller als die Konkurrenz auf Trends zu reagieren.

Zusammenfassung

Die erste Lektion von Kenjutsu – Handeln statt Reagieren – zeigt, dass proaktives Agieren im Business genauso entscheidend ist wie in der Kampfkunst. Unternehmen und Führungskräfte, die die Initiative ergreifen und aktiv auf Chancen hinarbeiten, setzen den Grundstein für langfristigen Erfolg und sichern sich einen wichtigen Wettbewerbsvorteil.

Lektion 2: Alles ist Feedback

Von Bernd Höhle Kampfkunst-Experte, Weltrekordler

Im Bereich der Kampfkunst ist Rückmeldung ein wesentlicher Bestandteil des Lernprozesses, um die eigene Technik zu verbessern. Im Geschäftsumfeld bedeutet dies, das Feedback von Kunden und Mitarbeitern zu nutzen, um Produkte und Prozesse zu verbessern und wettbewerbsfähig zu bleiben.

Im Buch der Fünf Ringe und in der Kunst des Krieges von Sun Zhu wird betont, wie wichtig es ist, die Rückmeldungen aus der Umgebung zu verstehen und darauf zu reagieren. Ähnlich wie in einem Kampf, wo der Kämpfer ständig das Feedback seines Gegners interpretiert, müssen Unternehmen die Rückmeldungen ihrer Kunden und Mitarbeiter verstehen, um sich weiterzuentwickeln.

Miyamoto Musashi lehrt uns, dass es im Laufe des Trainings unerlässlich ist, die Hinweise und Rückmeldungen zu verstehen, die uns unser Gegner, in diesem Fall das Geschäftsumfeld, gibt. Immer wenn wir auf den Markt hinausgehen oder mit unseren Mitbewerbern interagieren, erhalten wir implizite Hinweise darüber, was funktioniert und was nicht.

Im Unternehmenskontext bedeutet dies, sich nicht nur auf formelle Kundenbewertungen zu verlassen, sondern auch auf informelle Rückmeldungen und Marktreaktionen zu achten. Dieser ständige Fluss von Informationen ermöglicht es einem Unternehmen, sich anzupassen und seine Strategien zu verfeinern.

Wie ein Kämpfer, der seine Technik anpasst, um den Herausforderungen seines Gegners zu begegnen, sollte ein Unternehmen bereit sein, seine Produkte und Prozesse zu verändern, um den sich wandelnden Anforderungen des Marktes gerecht zu werden. Das Verständnis von Feedback als eine wertvolle Ressource ermöglicht es, flexibel zu bleiben und sich kontinuierlich zu verbessern.

Letztendlich ist die zweite Lektion: In der Welt der Kampfkünste und im Geschäft ist alles Feedback. Es ist eine ständige Quelle der Anleitung und eine Möglichkeit, unsere Fähigkeiten zu schärfen, um erfolgreich zu sein.

Business meets Kampfkunst: Ein Vergleich

Alles ist Feedback – Lernen und Anpassen durch kontinuierliche Rückmeldung

Von Chris Hohlstamm von Dehnen Business-High-Performer

1. Feedback als wesentlicher Bestandteil des Lernprozesses:

In der Kampfkunst ist Feedback entscheidend, um die eigene Technik zu verfeinern. Im Geschäftsleben ist es ebenso wichtig, kontinuierlich Rückmeldungen von Kunden, Mitarbeitenden und dem Markt zu sammeln, um Produkte und Prozesse zu optimieren. Unternehmen, die Feedback als wertvolle Ressource betrachten, können schneller auf Veränderungen reagieren und wettbewerbsfähig bleiben. Durch das Verständnis und die Anwendung von Rückmeldungen entwickelt sich das Unternehmen ständig weiter, was für nachhaltigen Erfolg im Markt entscheidend ist.

2. Interpretieren von Signalen aus der Umgebung:

Miyamoto Musashi und Sunzi betonen in ihren Lehren, dass es wichtig ist, Rückmeldungen aus der Umgebung wahrzunehmen und zu verstehen. Ähnlich wie ein Kämpfer die Bewegungen seines Gegners interpretiert, sollten Unternehmen die Signale aus ihrem Marktumfeld analysieren. Das bedeutet, nicht nur formelles Feedback zu sammeln, sondern auch auf subtile Marktreaktionen und informelle Rückmeldungen zu achten. Unternehmen, die diese Fähigkeit kultivieren, sind besser in der Lage, auf Marktveränderungen zu reagieren und ihre Strategien anzupassen.

3. Flexible Anpassung an Marktanforderungen:

Feedback erlaubt es einem Kämpfer, seine Technik an die Bewegungen des Gegners anzupassen. Im Business müssen Unternehmen ebenso bereit sein, ihre Produkte und Prozesse zu ändern, um den sich wandelnden Marktanforderungen gerecht zu werden. Diese Flexibilität fördert eine kontinuierliche Verbesserung und stellt sicher, dass das Unternehmen relevant bleibt. Unternehmen, die Feedback nutzen, um schnell und effektiv Anpassungen vorzunehmen, sind agiler und können Wettbewerbsvorteile bewahren.

4. Feedback als Quelle der kontinuierlichen Verbesserung:

In der Kampfkunst und im Geschäftsleben ist Feedback nicht nur eine Reaktion, sondern eine ständige Quelle der Verbesserung. Die zweite Lektion von Kenjutsu zeigt, dass jede Rückmeldung – ob positiv oder negativ – wertvolle Hinweise enthält, die genutzt werden können, um Fähigkeiten und Strategien zu schärfen. Unternehmen, die sich dieser Haltung verschreiben, sehen Feedback als Chance, ihre Prozesse zu verfeinern und neue Wachstumspotenziale zu erschließen.

Zusammenfassung

Die zweite Lektion – „Alles ist Feedback" – unterstreicht die Bedeutung der kontinuierlichen Rückmeldung als Instrument zur Verbesserung und Anpassung im Geschäftsleben. Unternehmen, die Feedback nicht nur sammeln, sondern auch aktiv interpretieren und anwenden, sind in der Lage, sich den Herausforder-

ungen des Marktes flexibel anzupassen und ihre Erfolgsstrategien fortlaufend zu verfeinern.

Lektion 3: Wahrnehmung und Aufmerksamkeit

Von Bernd Höhle Kampfkunst-Experte, Weltrekordler

In der Kunst des Krieges ist es entscheidend, aufmerksam zu sein und die Umgebung sowie die Bewegungen des Gegners genau zu beobachten. Im Geschäftsumfeld bedeutet dies, aufmerksam und bewusst auf Veränderungen im Markt und im Wettbewerbsumfeld zu achten.

Miyamoto Musashi betonte die Bedeutung der Wahrnehmung und Aufmerksamkeit in seiner Lehre, die auch auf moderne Geschäftsstrategien angewandt werden kann. Ähnlich wie im Kampf, wo die Fähigkeit, die Bewegungen des Gegners genau zu interpretieren, den Unterschied zwischen Sieg und Niederlage ausmachen kann, spielt auch im Geschäftsumfeld die genaue Beobachtung der Marktbedingungen eine zentrale Rolle.

Um erfolgreich zu sein, ist es notwendig, sich bewusst zu sein, was in der Branche vor sich geht. Dies beinhaltet das Verfolgen von Trends, das Analysieren von Veränderungen in der Kundennachfrage und das Verstehen der Strategien der Wettbewerber. In Musashis Lehren wird betont, dass der Krieger stets wachsam sein muss, um rechtzeitig auf die Handlungen des Gegners reagieren zu können. In ähnlicher Weise muss ein Unternehmer ständig seine Umgebung überwachen, um auf Veränderungen im Markt reagieren zu können.

Die Fähigkeit, schnell auf neue Informationen zu reagieren, kann den Unterschied zwischen Erfolg und Misserfolg ausmachen.

Dies erfordert eine konstante Aufmerksamkeit gegenüber den dynamischen Bedingungen des Geschäftsumfelds. Musashi lehrt, dass der Krieger, der in der Lage ist, die Absichten des Gegners vorherzusehen, immer einen Schritt voraus ist. Genauso sollte ein Unternehmer, der die Veränderungen in der Branche vorhersehen kann, in der Lage sein, proaktiv zu handeln und seine Strategie entsprechend anzupassen.

lässt sich sagen, dass die Lehren von Miyamoto Musashi in Bezug auf Wahrnehmung und Aufmerksamkeit direkt auf die Geschäftswelt übertragen werden können. Indem man sich bewusst auf Veränderungen einstellt und immer aufmerksam gegenüber den Bewegungen des Marktes bleibt, kann man die Grundlagen für eine erfolgreiche Geschäftsstrategie legen.

Business meets Kampfkunst: Ein Vergleich

Wahrnehmung und Aufmerksamkeit als Schlüssel zur Anpassungsfähigkeit

Von Chris Hohlstamm von Dehnen Business-High-Performer

1. Wachsamkeit gegenüber Marktbedingungen und Wettbewerbern:

In der Kunst des Krieges ist es entscheidend, die Umgebung aufmerksam zu beobachten und die Bewegungen des Gegners präzise zu interpretieren. Im Business bedeutet dies, die Entwicklungen im Markt und die Strategien der Wettbewerber sorgfältig zu verfolgen. Unternehmen, die eine starke Wahrnehmung und Aufmerksamkeit für Veränderungen im Umfeld kultivieren, können rechtzeitig auf Trends und Risiken reagieren und somit Wettbewerbsvorteile sichern.

2. Proaktive Anpassung durch präzise Marktbeobachtung:

Miyamoto Musashi betonte die Bedeutung der Aufmerksamkeit und Wahrnehmung, um den Gegner besser zu verstehen und ihm stets einen Schritt voraus zu sein. Im geschäftlichen Kontext ist dies genauso entscheidend: Ein Unternehmen, das die Marktbedingungen, Kundenbedürfnisse und Wettbewerbsbewegungen genau beobachtet, kann proaktive Anpassungen vornehmen und seine Strategie frühzeitig ausrichten. Diese kontinuierliche Marktbeobachtung ermöglicht es Führungskräften, Chancen zu erkennen und Bedrohungen rechtzeitig zu begegnen.

3. Analyse von Trends und Kundennachfrage:

Um langfristig erfolgreich zu sein, ist es wichtig, sich mit den Entwicklungen und Veränderungen der eigenen Branche intensiv auseinanderzusetzen. Dies bedeutet, Markttrends zu verfolgen, Veränderungen in der Kundennachfrage zu analysieren und die Strategien der Wettbewerber zu verstehen. Ähnlich wie ein Krieger seine Umgebung beobachtet, um die Absichten seines Gegners zu durchschauen, sollten Unternehmen die Anforderungen und Wünsche ihrer Kunden genau analysieren, um innovative Lösungen bieten und sich kontinuierlich weiterentwickeln zu können.

4. Erfolgsfaktor Aufmerksamkeit:

Die Fähigkeit, schnell auf neue Informationen zu reagieren und die Absichten des „Gegners" – hier des Marktes oder der Wettbewerber – vorherzusehen, macht den Unterschied zwischen Erfolg und Misserfolg aus. Musashi lehrt, dass der Krieger, der die Absichten seines Gegners erkennt, stets besser vorbereitet ist. Ebenso sollten Unternehmer, die Veränderungen in ihrer Branche frühzeitig wahrnehmen, die Möglichkeit nutzen, ihre Strategie anzupassen und Marktchancen zu erschließen, bevor die Konkurrenz darauf reagieren kann.

Zusammenfassung

Die Lehren von Miyamoto Musashi zur Bedeutung von Wahrnehmung und Aufmerksamkeit lassen sich unmittelbar auf das Business übertragen. Wachsamkeit gegenüber Marktveränderungen, genaue Beobachtung der Wettbewerber und die Fähigkeit, Trends rechtzeitig zu erkennen, sind fundamentale Bausteine einer erfolgreichen Geschäftsstrategie. Unternehmer, die sich kontinuierlich auf das Umfeld einstellen und proaktiv auf Veränderungen reagieren, sichern sich nachhaltige Wettbewerbsvorteile und sind in der Lage, flexibel auf die dynamischen Bedingungen des Marktes zu antworten.

Lektion 4: Klarheit und Fokus

Von Bernd Höhle Kampfkunst-Experte, Weltrekordler

In den Kampfkünsten ist es entscheidend, den Geist klar und fokussiert zu halten, um schnell und effektiv auf den Gegner reagieren zu können. Im Geschäftsleben bedeutet dies, klare Ziele und Prioritäten zu setzen, um sich auf die wichtigsten Aufgaben zu konzentrieren und produktiv zu bleiben.

In den Lehren des "Buch der fünf Ringe" von Miyamoto Musashi und Sunzi – der "Kunst des Krieges" – finden wir eine tiefe Weisheit, die sich nahtlos auf die Geschäftswelt übertragen lässt. Die vierte Lektion, die wir aus diesen klassischen Werken für unser unternehmerisches Handeln ableiten können, dreht sich um Klarheit und Fokus.

Miyamoto Musashi betonte die Bedeutung eines klaren und fokussierten Geistes im Kampf. In der Geschäftswelt ist dies ebenso relevant. Die Festlegung klarer Ziele ermöglicht es, den Fokus auf die wesentlichen Aufgaben zu richten. Ähnlich wie Musashis strategische Prinzipien uns lehren, den Geist auf den Augenblick zu richten, sollten wir im Geschäftsumfeld unsere Aufmerksamkeit auf die drängendsten Herausforderungen und Chancen lenken.

Die Kunst des Krieges von Sunzi unterstreicht, dass eine klare Strategie und Fokussierung auf das Ziel entscheidend für den Sieg sind. Im Unternehmenskontext bedeutet dies, klare Prioritäten zu setzen, um Ressourcen effizient einzusetzen. Indem wir uns auf das Wesentliche konzentrieren, können wir die Hindernisse überwinden und erfolgreich voranschreiten.

In einer Welt, die oft von Ablenkungen und Informationsüberflutung geprägt ist, ist die Fähigkeit zur Klarheit und Konzentration ein wertvolles Gut. Die Lehren aus den Kampfkünsten und den klassischen Werken helfen uns, einen klaren Kopf zu bewahren und unsere Energien auf die Aufgaben zu fokussieren, die wirklich zählen.

Die vierte Lektion lehrt uns also, dass Klarheit und Fokus nicht nur im Kampf, sondern auch im Geschäftsleben entscheidend sind. Indem wir klare Ziele setzen und unsere Prioritäten richtig ausrichten, schaffen wir die Grundlage für effektives Handeln und langfristigen Erfolg.

Business meets Kampfkunst: Ein Vergleich

Klarheit und Fokus für effektives Handeln und langfristigen Erfolg

Von Chris Hohlstamm von Dehnen Business-High-Performer

1. Klarheit und Fokus als strategische Basis:

In den Kampfkünsten ist ein klarer, fokussierter Geist entscheidend, um schnell und präzise auf den Gegner zu reagieren. Übertragen auf das Business bedeutet dies, klare Ziele und Prioritäten zu setzen, um sich auf die wichtigsten Aufgaben zu konzentrieren und die Effizienz zu maximieren. Unternehmen, die eine klare Vision und präzise strategische Ziele definieren, können sich besser auf die Aufgaben konzentrieren, die für den Unternehmenserfolg am entscheidendsten sind.

2. Ausrichtung auf das Wesentliche:

Die Lehren von Miyamoto Musashi und Sunzi betonen die Bedeutung, den Fokus auf den gegenwärtigen Moment und die drängendsten Herausforderungen zu richten. Im Geschäftsleben bedeutet dies, dass Führungskräfte und Teams ihre Aufmerksamkeit gezielt auf die entscheidenden Aspekte lenken, anstatt sich in Nebensächlichkeiten zu verlieren. Indem sie klare Prioritäten setzen und unwichtige Aufgaben eliminieren, können Unternehmen ihre Ressourcen effizienter einsetzen und Hindernisse überwinden.

3. Effizienter Ressourceneinsatz durch klare Prioritäten:

Die "Kunst des Krieges" betont, dass eine klare Strategie und der Fokus auf das Ziel wesentlich für den Sieg sind. Im Business bedeutet dies, dass Unternehmen durch klare Prioritäten ihre Ressourcen gezielt einsetzen können. Führungskräfte, die diese Prinzipien anwenden, schaffen eine Struktur, in der die Teams ihre Energie und Zeit auf die wesentlichen Ziele lenken, was zu einer höheren Produktivität und besseren Ergebnissen führt.

4. Klarheit und Fokus in einer Welt voller Ablenkungen:

In einer von Informationsflut und ständigen Ablenkungen geprägten Welt wird die Fähigkeit, Klarheit zu bewahren und fokussiert zu bleiben, zu einem wertvollen Wettbewerbsvorteil. Die Lehren aus den Kampfkünsten unterstützen uns dabei, Ablenkungen zu minimieren und uns auf das Wesentliche zu konzentrieren. Im Geschäftsleben hilft diese Disziplin, den Überblick zu behalten und die Ressourcen des Unternehmens gezielt auf erfolgskritische Aufgaben zu fokussieren.

Zusammenfassung

Die vierte Lektion – Klarheit und Fokus – zeigt, dass diese Fähigkeiten sowohl im Kampf als auch im Business entscheidend sind.

Durch das Setzen klarer Ziele und das Ausrichten der Prioritäten schaffen Unternehmen die Grundlage für effektives Handeln und nachhaltigen Erfolg. Führungskräfte und Teams, die diese Prinzipien in ihre tägliche Arbeit integrieren, sind widerstandsfähiger gegenüber Ablenkungen und können ihre Kräfte auf die Aufgaben lenken, die den größten strategischen Nutzen bringen.

Lektion 5: Effektive Nutzung von Energie & Anpassungsfähigkeit

Von Bernd Höhle Kampfkunst-Experte, Weltrekordler

In den Kampfkünsten geht es darum, Energie effektiv zu nutzen und sich verschiedenen Situationen und Gegnern anzupassen. Im Geschäftsbereich bedeutet dies, Ressourcen effektiv einzusetzen und sich an Veränderungen auf dem Markt sowie im Wettbewerb anzupassen, um neue Chancen zu ergreifen.

Die fünfte Lektion aus den Lehren des Buches der Fünf Ringe von Miyamoto Musashi und der Kunst des Krieges von Sun Zhu ist von entscheidender Bedeutung. Sie dreht sich um die effektive Nutzung von Energie und die Fähigkeit zur Anpassung. In den Kampfkünsten geht es nicht nur darum, körperliche Energie zu nutzen, sondern auch um die richtige Lenkung von mentaler Energie. Das Gleiche gilt im Geschäftsleben, wo es darum geht, Ressourcen klug einzusetzen.

Die Kunst der Anpassung in den Kampfkünsten bedeutet, sich flexibel auf verschiedene Gegner einzustellen und in unterschiedlichen Situationen angemessen zu reagieren. Genauso wichtig ist es im Geschäftsbereich, wo sich der Markt und die Konkurrenz ständig verändern. Unternehmen müssen in der Lage sein, ihre Strategien schnell anzupassen, um auf neue Herausforderungen zu reagieren.

Die effektive Nutzung von Energie in den Kampfkünsten hilft, Kräfte zu schonen und im entscheidenden Moment maximale Wirkung zu erzielen. Im Geschäftsumfeld bedeutet dies, Ressourcen optimal zu nutzen, um die Wettbewerbsfähigkeit zu steigern und langfristigen Erfolg zu sichern. Dies erfordert ein genaues Verständnis der eigenen Stärken und Schwächen, um die begrenzten Ressourcen effizient einzusetzen.

Eine erfolgreiche Umsetzung dieser Lektion erfordert auch die Fähigkeit, sich schnell an Veränderungen anzupassen. In den Kampfkünsten kann dies bedeuten, den Kampfstil je nach Gegner anzupassen. Im Geschäftsbereich bedeutet dies, flexibel auf Markttrends, Kundenbedürfnisse und Wettbewerbsdruck zu reagieren.

Zusammenfassend lässt sich sagen, dass die fünfte Lektion die effektive Nutzung von Energie und die Anpassungsfähigkeit betont, sowohl in den Kampfkünsten als auch im Geschäft. Unternehmen, die in der Lage sind, ihre Ressourcen klug zu nutzen und sich schnell an Veränderungen anzupassen, haben die besten Chancen, in einem dynamischen und anspruchsvollen Umfeld erfolgreich zu sein.

Business meets Kampfkunst: Ein Vergleich

Effektive Nutzung von Energie & Anpassungsfähigkeit

Von Chris Hohlstamm von Dehnen Business-High-Performer

Die Lektion „Effektive Nutzung von Energie und Anpassungsfähigkeit" aus den Kampfkünsten lässt sich direkt auf den Geschäftsbereich übertragen und liefert wertvolle Einsichten für nachhaltigen Erfolg. In beiden Bereichen geht es um die optimale Nutzung vorhandener Ressourcen und die Fähigkeit, flexibel auf Veränderungen zu reagieren.

1. Energie als Ressource: Kräfte bündeln, Wirkung maximieren

In den Kampfkünsten:

- Energie wird gezielt eingesetzt, um Kräfte zu schonen und im entscheidenden Moment maximale Wirkung zu entfalten.

- Ein Kämpfer lernt, unnötige Bewegungen zu vermeiden und seine Energie auf die entscheidenden Aktionen zu konzentrieren.

Im Business:

- Ressourcen wie Zeit, Kapital, Mitarbeiter und Technologien sind begrenzt und müssen effizient genutzt werden.

- Unternehmen, die ihre Ressourcen gezielt auf Schlüsselmärkte, innovative Projekte oder strategische Partnerschaften konzentrieren, erzielen oft bessere Ergebnisse als solche, die sich verzetteln.

Beispiel:

Ein Start-up, das sich auf ein klar definiertes Produkt oder eine Nische konzentriert, kann mit begrenztem Budget und Ressourcen eine große Wirkung erzielen, anstatt alle Märkte gleichzeitig bedienen zu wollen.

2. Anpassungsfähigkeit: Die Kunst, flexibel zu agieren

In den Kampfkünsten:

- Ein Kämpfer passt seinen Stil an den Gegner und die jeweilige Situation an. Er bleibt flexibel, statt starr an einem Vorgehen festzuhalten.

- Anpassungsfähigkeit bedeutet auch, Schwächen in der Verteidigung des Gegners zu erkennen und diese gezielt auszunutzen.

Im Business:

- Märkte, Kundenbedürfnisse und Wettbewerbsbedingungen ändern sich ständig. Unternehmen, die flexibel und agil auf neue Trends reagieren, bleiben wettbewerbsfähig.

- Anpassungsfähigkeit zeigt sich auch in der Bereitschaft, Geschäftsmodelle oder Strategien zu überdenken und auf technologische Veränderungen oder neue Kundenerwartungen einzugehen.

Beispiel:

Ein etabliertes Unternehmen, das auf Digitalisierung umstellt und neue Technologien wie KI oder Cloud-Lösungen einsetzt, bleibt relevant, während weniger anpassungsfähige Wettbewerber Marktanteile verlieren.

3. Strategisches Denken: Die richtige Balance zwischen Planung und Aktion

In den Kampfkünsten:

- Strategisches Denken bedeutet, die eigenen Stärken und Schwächen ebenso zu kennen wie die des Gegners.

- Ein Kämpfer lernt, im richtigen Moment zu handeln, anstatt Energie in unüberlegte Angriffe zu verschwenden.

Im Business:

- Unternehmen müssen sowohl ihre internen Ressourcen als auch die externe Marktlandschaft genau analysieren.

- Strategische Planung umfasst die Identifikation von Chancen und Risiken sowie die Fokussierung auf Aktivitäten mit dem höchsten Return on Investment (ROI).

Beispiel:

Ein Unternehmen, das Datenanalysen nutzt, um Marktlücken zu identifizieren und gezielte Marketingkampagnen zu starten, erzielt oft bessere Ergebnisse als eines, das auf unstrukturierte Ansätze setzt.

4. Energieeffizienz als Wettbewerbsvorteil

In den Kampfkünsten:

- Der gezielte Einsatz von Energie reduziert die Erschöpfung und ermöglicht es dem Kämpfer, auch in langen Kämpfen leistungsfähig zu bleiben.

Im Business:

- Effizientes Ressourcenmanagement kann die Wettbewerbsfähigkeit erheblich steigern. Unternehmen, die Prozesse optimieren und Verschwendung vermeiden, sparen nicht nur Kosten, sondern steigern auch ihre Innovationskraft.

Beispiel:

Ein Unternehmen, das Lean-Management-Prinzipien anwendet, verschlankt Prozesse und nutzt Ressourcen optimal, wodurch es schneller und kostengünstiger auf Marktanforderungen reagieren kann.

5. Anpassung an Veränderungen: Die Basis für langfristigen Erfolg

In den Kampfkünsten:

- Der Erfolg hängt oft von der Fähigkeit ab, sich schnell an eine unvorhergesehene Bewegung des Gegners anzupassen.

Im Business:

- Unternehmen, die Veränderungen als Chance statt als Bedrohung sehen, können sich in dynamischen Märkten behaupten. Dazu gehört auch die Bereitschaft, in schwierigen Zeiten neue Wege zu gehen und kreative Lösungen zu finden.

Beispiel:

Ein Unternehmen, das während einer globalen Krise (wie der Pandemie) auf Remote-Arbeit und digitale Vertriebswege umstellt, bleibt stabil und gewinnt sogar neue Märkte, während weniger flexible Wettbewerber Verluste erleiden.

Fazit: Gemeinsamkeiten und Schlüsselprinzipien

Sowohl in den Kampfkünsten als auch im Business gilt:

- Effektive Energie: Kräfte auf das Wesentliche konzentrieren und im richtigen Moment einsetzen.

- Anpassungsfähigkeit: Flexibel bleiben, Chancen nutzen und auf Veränderungen schnell reagieren.

- Strategie und Klarheit: Stärken und Schwächen erkennen, um fundierte Entscheidungen zu treffen.

Unternehmen, die diese Prinzipien meistern, entwickeln sich nicht nur zu Marktführern, sondern können auch langfristigen Wohlstand und Stabilität aufbauen. Die Lektion „Effektive Nutzung von Energie & Anpassungsfähigkeit" ist damit ein essenzieller Baustein für nachhaltigen Erfolg – sowohl im Kampf als auch im Business.

Lektion 6: Schnelligkeit und Beweglichkeit

Von Bernd Höhle Kampfkunst-Experte, Weltrekordler

In den Lehren der Kampfkunst geht es darum, schnell und beweglich zu handeln, um den Gegner zu überraschen und zu überwältigen. Im Geschäftsleben bedeutet dies, schnell zu handeln und Entscheidungen zu treffen, um wettbewerbsfähig zu bleiben und Chancen zu nutzen.

In der Welt der Wirtschaft spielen Schnelligkeit und Beweglichkeit eine entscheidende Rolle. Ähnlich wie in den Kampfkünsten geht es darum, agil zu sein, um sich den ständig wandelnden Bedingungen anzupassen. Diese Lehre betont die Bedeutung, in der Geschäftswelt schnell zu agieren und mutige Entscheidungen zu treffen, um sich einen Wettbewerbsvorteil zu sichern.

Im Gegensatz zu einer festen Verteidigung oder einem vorhersehbaren Angriff ist es in der Geschäftswelt wichtig, flexibel zu sein und sich an die Dynamik des Marktes anzupassen. Die Fähigkeit, schnell auf Veränderungen zu reagieren und Gelegenheiten zu ergreifen, ist entscheidend, um den Herausforderungen der Unternehmenswelt erfolgreich zu begegnen.

Ein erfolgreiches Unternehmen ist wie ein geschickter Kämpfer, der geschwind durch die Schlacht zieht, um den Gegner zu überraschen. Die Geschäftswelt belohnt oft diejenigen, die agil handeln, innovative Strategien anwenden und in der Lage sind, sich schnell auf neue Marktbedingungen einzustellen.

Um die Kunst der Schnelligkeit und Beweglichkeit in Ihrem Unternehmen zu meistern, ist es wichtig, ein offenes Auge für Trends und Veränderungen zu haben. Vermeiden Sie den Stillstand und seien Sie bereit, Entscheidungen zu treffen, auch wenn sie risikoreich erscheinen mögen. Indem Sie schnell und geschickt handeln, können Sie nicht nur Wettbewerbsvorteile sichern, sondern auch neue Möglichkeiten entdecken, die anderen vielleicht entgehen.

Die sechste Lektion lehrt uns, dass sowohl in den Kampfkünsten als auch im Geschäftsleben Schnelligkeit und Beweglichkeit entscheidend sind, um erfolgreich zu sein. Nur durch geschicktes Manövrieren und schnelle Reaktionen können wir uns in einem sich ständig verändernden Umfeld behaupten und die Oberhand gewinnen.

Business meets Kampfkunst: Ein Vergleich

Schnelligkeit und Beweglichkeit

Von Chris Hohlstamm von Dehnen Business-High-Performer

Die Lektion „Schnelligkeit und Beweglichkeit" aus den Kampfkünsten liefert wertvolle Parallelen für die Geschäftswelt. Sowohl im Kampf als auch im Business sind Geschwindigkeit, Agilität und die Fähigkeit, flexibel auf Herausforderungen zu reagieren, entscheidend, um erfolgreich zu sein und Wettbewerbsvorteile zu nutzen.

1. Geschwindigkeit: Chancen erkennen und nutzen

In den Kampfkünsten:

- Schnelligkeit ist ein entscheidender Faktor, um den Gegner zu überraschen und seinen Verteidigungen zuvorzukommen. Ein schneller Angriff kann den Gegner aus dem Gleichgewicht bringen und ihm keine Zeit lassen, sich zu formieren.

Im Business:

- Geschwindigkeit bedeutet, Chancen frühzeitig zu erkennen und zügig zu handeln, bevor Wettbewerber reagieren können. Unternehmen, die Trends schneller als andere aufgreifen, können neue Märkte erschließen und sich als Vorreiter positionieren.

Beispiel:

Ein Unternehmen, das ein neues Kundenbedürfnis frühzeitig erkennt und als erstes ein innovatives Produkt auf den Markt bringt, kann sich Marktanteile sichern, bevor die Konkurrenz reagiert.

2. Beweglichkeit: Anpassung an Veränderungen

In den Kampfkünsten:

- Beweglichkeit ist die Fähigkeit, Positionen und Techniken schnell zu wechseln, um auf die Aktionen des Gegners zu reagieren. Ein starrer Kämpfer wird berechenbar und leicht besiegbar.

Im Business:

- Beweglichkeit bedeutet, dass ein Unternehmen flexibel auf Marktveränderungen reagiert. Statt an alten Strategien festzuhalten, erkennen agile Unternehmen neue Herausforderungen und passen sich dynamisch an.

Beispiel:

Ein Unternehmen, das während einer Krise wie der COVID-19-Pandemie schnell auf Online-Vertrieb umstellt, kann trotz widriger Umstände wachsen, während starr aufgestellte Unternehmen Verluste erleiden.

3. Überraschungsmomente schaffen

In den Kampfkünsten:

- Ein schneller, unvorhergesehener Angriff kann den Gegner überraschen und ihm den Vorteil nehmen. Überraschungselemente geben dem Kämpfer die Kontrolle über den Kampf.

Im Business:

- Innovationen und unerwartete strategische Züge können Wettbewerber überraschen und Kunden begeistern. Unternehmen, die kreativ und mutig handeln, heben sich von der Masse ab.

Beispiel:

Ein Technologieunternehmen, das eine bahnbrechende Funktion oder ein neues Geschäftsmodell einführt, kann sich als Marktführer etablieren, bevor Nachahmer den Vorteil kopieren.

4. Flexibilität in Entscheidungen

In den Kampfkünsten:

- Ein guter Kämpfer bleibt wachsam und reagiert flexibel auf die Bewegungen des Gegners. Er entscheidet im Moment, welche Technik er einsetzt, statt einem starren Plan zu folgen.

Im Business:

- Entscheidungsflexibilität ist entscheidend, um Chancen zu nutzen oder Risiken abzuwenden. Unternehmen, die schnell Entscheidungen treffen, haben oft einen Vorsprung vor Wettbewerbern, die lange in Analysen verharren.

Beispiel:

Ein Start-up, das seine Produktpalette in Echtzeit an Kundenfeedback anpasst, gewinnt langfristig Marktanteile, da es schneller auf Kundenbedürfnisse eingeht.

5. Agilität als Wettbewerbsvorteil

In den Kampfkünsten:

- Agilität kombiniert Geschwindigkeit und Beweglichkeit, um den Gegner ständig unter Druck zu setzen und ihn zu zwingen, defensiv zu reagieren.

Im Business:

- Agilität ermöglicht es Unternehmen, proaktiv statt reaktiv zu agieren. Agiles Management, das auf schnelle Iterationen und flexible Prozesse setzt, erlaubt es, kontinuierlich neue Lösungen zu entwickeln.

Beispiel:

Ein agiles Softwareunternehmen, das in kurzen Entwicklungszyklen arbeitet, kann schneller auf Kundenwünsche reagieren und sich von Mitbewerbern abheben, die an starren Entwicklungsplänen festhalten.

6. Risikobereitschaft und Mut

In den Kampfkünsten:

- Mut, schnell zu handeln, auch wenn das Risiko hoch ist, kann den Unterschied zwischen Sieg und Niederlage ausmachen. Der Kämpfer setzt auf kalkulierte Risiken und vertraut auf seine Fähigkeiten.

Im Business:

- Unternehmen, die mutige Entscheidungen treffen, schaffen oft die Grundlage für langfristigen Erfolg. Es ist besser, frühzeitig zu handeln und eventuell Fehler zu machen, als zu lange zu zögern und Chancen zu verpassen.

Beispiel:

Ein Unternehmen, das in ein aufstrebendes, aber riskantes Marktsegment investiert, könnte als Pionier belohnt werden, während zögerliche Wettbewerber den Anschluss verlieren.

7. Die Balance zwischen Geschwindigkeit und Präzision

In den Kampfkünsten:

- Geschwindigkeit allein reicht nicht aus – sie muss mit Präzision kombiniert werden, um effektiv zu sein. Ein ungenauer schneller Angriff kann leicht ins Leere laufen.

Im Business:

- Schnell zu handeln ist wichtig, aber ohne klare Strategie und fundierte Entscheidungen kann es zu Fehlinvestitionen oder Ressourcenverschwendung kommen.

Beispiel:

Ein Unternehmen, das ein Produkt schnell auf den Markt bringt, aber die Qualität vernachlässigt, riskiert seinen Ruf. Die Kombination aus Tempo und Qualität ist der Schlüssel.

8. Werkzeuge für Schnelligkeit und Beweglichkeit im Business

Um die Prinzipien der Schnelligkeit und Beweglichkeit erfolgreich umzusetzen, können Unternehmen folgende Ansätze nutzen:

- Frühzeitiges Monitoring: Setze auf Datenanalysen und Marktbeobachtung, um Trends frühzeitig zu erkennen.

- Agiles Management: Einführung agiler Methoden wie Scrum oder Kanban, um schnelle Iterationen und Anpassungen zu ermöglichen.

- Kultur der Entscheidungsfreude: Fördere eine Unternehmenskultur, die schnelle und mutige Entscheidungen unterstützt, ohne Angst vor Fehlern.

- Team-Training: Schaffe ein flexibles Team, das in der Lage ist, neue Aufgaben schnell zu übernehmen und umzusetzen.

Fazit: Gemeinsamkeiten und Schlüsselprinzipien

Die Lehre „Schnelligkeit und Beweglichkeit" aus den Kampfkünsten zeigt eindrucksvoll, wie entscheidend diese Prinzipien auch in der Geschäftswelt sind. Unternehmen, die schnell handeln, sich flexibel anpassen und mutige Entscheidungen treffen, bleiben in einem dynamischen Marktumfeld wettbewerbsfähig.

- Geschwindigkeit: Schnelle Entscheidungen und Handlungen sichern einen Vorsprung.

- Beweglichkeit: Flexibles Denken und Handeln helfen, sich an neue Bedingungen anzupassen.

- Mut und Präzision: Kalkulierte Risiken und präzise Ausführung führen zu nachhaltigem Erfolg.

Ein Unternehmen, das wie ein agiler Kämpfer agiert, hat die besten Chancen, Marktführer zu werden und langfristig erfolgreich zu bleiben.

Lektion 7: Kontrolle über Emotionen und Ego

Von Bernd Höhle Kampfkunst-Experte, Weltrekordler

Im Kontext der Kampfkunst sind Emotionen von entscheidender Bedeutung – die Kontrolle von Furcht und Wut sowie die Meisterung des Egos, um einen klaren Kopf zu bewahren und effektiv zu handeln. Im Geschäftsleben bedeutet dies, sich nicht von Emotionen und dem eigenen Ego leiten zu lassen, sondern in schwierigen Situationen einen klaren Kopf zu bewahren.

Das Ego kann uns dazu verleiten, unsere eigenen Interessen über die des Unternehmens und unserer Mitarbeiter zu stellen. Durch die Kontrolle unseres Egos und die Konzentration auf gemeinsame Ziele können wir erfolgreicher sein und nachhaltigere Unternehmen aufbauen. Dies erfordert starke Disziplin und Selbstkontrolle.

In der Geschäftswelt ist es wichtig, sich von den Lehren des "Buches der fünf Ringe" von Miyamoto Musashi und der "Kunst des Krieges" von Sun Zhu inspirieren zu lassen, ohne jedoch in wiederholende Muster zu verfallen. Stattdessen sollten wir kreativ und innovativ sein, um die Prinzipien dieser Werke in zeitgemäße Strategien für Unternehmen zu übersetzen.

Den siebten Grundsatz entwickeln wir weiter, indem wir betonen, dass die Kontrolle über Emotionen und Ego ein Schlüssel zur Bewältigung von Herausforderungen ist. Im Unternehmenskontext bedeutet dies, dass wir uns bewusst sind, wie persönliche

Emotionen und Ego unsere Entscheidungen beeinflussen können.

Indem wir uns auf die gemeinsamen Ziele des Unternehmens konzentrieren und das Ego in den Hintergrund treten lassen, schaffen wir Raum für eine effektive Zusammenarbeit und den Aufbau nachhaltiger Geschäftspraktiken. Diese Disziplin und Selbstkontrolle sind Eckpfeiler für langfristigen Erfolg in einem dynamischen Geschäftsumfeld.

Business meets Kampfkunst: Ein Vergleich

Kontrolle über Emotionen und Ego

Von Chris Hohlstamm von Dehnen Business-High-Performer

Die Lektion „Kontrolle über Emotionen und Ego" aus den Kampf-künsten bietet tiefgreifende Einsichten für das Geschäftsleben. In beiden Bereichen ist die Fähigkeit, persönliche Emotionen und das Ego zu meistern, entscheidend, um klare Entscheidungen zu treffen, Konflikte effektiv zu lösen und langfristig erfolgreich zu sein.

1. Emotionen kontrollieren: Klarheit in schwierigen Momenten bewahren

In den Kampfkünsten:

- Emotionen wie Angst oder Wut können einen Kämpfer ablen-ken und zu impulsiven, unüberlegten Handlungen führen. Die Fähigkeit, diese Emotionen zu kontrollieren, ist entscheidend, um im Kampf einen klaren Kopf zu bewahren.

Im Business:

- In der Geschäftswelt können Emotionen wie Ärger, Frustration oder übertriebene Euphorie dazu führen, dass Entscheidungen getroffen werden, die nicht im besten Interesse des Unterneh-mens liegen. Führungskräfte müssen lernen, sich nicht von mo-mentanen Gefühlen leiten zu lassen, sondern rational und stra-tegisch zu handeln.

Beispiel:

Ein Manager, der in einer Krisensituation ruhig bleibt und die Fakten objektiv analysiert, anstatt impulsiv zu reagieren, ist besser in der Lage, die richtigen Entscheidungen zu treffen.

2. Das Ego beherrschen: Fokus auf das Gemeinwohl

In den Kampfkünsten:

- Ein Kämpfer, der von seinem Ego getrieben wird, kann seine Stärken überschätzen oder übermäßig aggressiv handeln. Dies macht ihn vorhersehbar und anfällig für Fehler. Die besten Kämpfer legen ihr Ego beiseite und konzentrieren sich auf das Ziel.

Im Business:

- Ein übersteigertes Ego kann zu Problemen wie Machtkämpfen, mangelnder Teamarbeit oder Entscheidungen führen, die mehr dem persönlichen Prestige als dem Wohl des Unternehmens dienen. Eine Führungskraft, die ihr Ego zügelt, schafft Raum für Zusammenarbeit und Innovation.

Beispiel:

Ein Geschäftsführer, der sich auf die Entwicklung seines Teams und das Wachstum des Unternehmens konzentriert, anstatt auf seinen persönlichen Erfolg, wird langfristig nachhaltigere Ergebnisse erzielen.

3. Selbstdisziplin und Kontrolle: Grundlage für nachhaltigen Erfolg

In den Kampfkünsten:

- Selbstdisziplin ist der Schlüssel zur Kontrolle über Körper und Geist. Nur durch regelmäßiges Training und bewusste Reflexion kann ein Kämpfer die Kontrolle über sich selbst erlangen.

Im Business:

- Disziplin und Selbstkontrolle ermöglichen es Führungskräften und Mitarbeitern, langfristige Ziele zu verfolgen, anstatt kurzfristigen Emotionen oder Versuchungen nachzugeben. Dies ist besonders wichtig in herausfordernden Zeiten, in denen Stabilität und strategisches Denken gefragt sind.

Beispiel:

Ein Unternehmen, das in einer Wirtschaftskrise auf nachhaltige Entscheidungen setzt, statt impulsiv Personal abzubauen oder Projekte einzustellen, wird gestärkt aus der Krise hervorgehen.

4. Die Auswirkungen von Emotionen und Ego auf Entscheidungen

In den Kampfkünsten:

- Emotionen und das Ego können die Wahrnehmung trüben und dazu führen, dass ein Kämpfer Risiken falsch einschätzt oder Angriffe überstürzt.

Im Business:

- Emotionale Entscheidungen oder egozentrisches Verhalten können den Fokus von den Unternehmenszielen ablenken. Führungskräfte, die sich dieser Gefahren bewusst sind, können objektive Entscheidungen treffen, die das langfristige Wachstum fördern.

Beispiel:

Ein Investor, der seine Entscheidungen auf Daten und Marktanalysen statt auf persönliche Vorlieben stützt, wird erfolgreicher sein.

5. Fokus auf gemeinsame Ziele: Teamarbeit fördern

In den Kampfkünsten:

- Die besten Kämpfer wissen, dass Erfolg oft von der Zusammenarbeit im Team abhängt. Sie stellen persönliche Ambitionen zugunsten des gemeinsamen Ziels zurück.

Im Business:

- Unternehmen sind erfolgreicher, wenn Führungskräfte und Teams auf gemeinsame Ziele hinarbeiten. Egozentrische Entscheidungen können Konflikte erzeugen und das Vertrauen im Team zerstören.

Beispiel:

Eine Führungskraft, die ihre eigenen Vorstellungen zugunsten eines kollaborativen Ansatzes zurückstellt, fördert Innovation und Engagement im Team.

6. Kreativität und Innovation durch Ego-Reduktion

In den Kampfkünsten:

- Ein Kämpfer, der offen für neue Techniken und Strategien ist, entwickelt sich schneller weiter als einer, der glaubt, alles zu wissen.

Im Business:

- Unternehmen, die eine Kultur der Offenheit und des Lernens fördern, entwickeln innovativere Lösungen. Das Zügeln des Egos ermöglicht es, von anderen zu lernen und kreative Ansätze zu entwickeln.

Beispiel:

Ein CEO, der Feedback von Mitarbeitern annimmt und auf die Expertise anderer vertraut, wird bessere Entscheidungen treffen als jemand, der glaubt, allein die besten Antworten zu haben.

7. Werkzeuge zur Kontrolle von Emotionen und Ego im Business

- Achtsamkeit: Praktiziere regelmäßige Achtsamkeitsübungen, um Emotionen wahrzunehmen, ohne impulsiv darauf zu reagieren.

- Reflexion: Nimm dir Zeit, um Entscheidungen zu überdenken und ihre Auswirkungen objektiv zu analysieren.

- Feedback einholen: Umgebe dich mit vertrauenswürdigen Beratern oder Teammitgliedern, die dir ehrliches Feedback geben und dich auf blinde Flecken hinweisen können.

- Klare Ziele setzen: Konzentriere dich auf die übergeordneten Unternehmensziele, um dich nicht in persönlichen Interessen oder kurzfristigen Emotionen zu verlieren.

Fazit: Gemeinsamkeiten und Schlüsselprinzipien

Die Kontrolle über Emotionen und das Ego ist ein zentraler Erfolgsfaktor sowohl in den Kampfkünsten als auch im Geschäftsleben. Sie ermöglicht es, objektiv zu handeln, Konflikte zu lösen und nachhaltige Entscheidungen zu treffen.

- Emotionen meistern: Ein klarer Kopf in schwierigen Situationen führt zu besseren Entscheidungen.

- Ego kontrollieren: Der Fokus auf das Gemeinwohl und die Unternehmensziele stärkt die Zusammenarbeit und den Erfolg.

- Disziplin entwickeln: Selbstkontrolle und regelmäßige Reflexion fördern langfristige Stabilität und Wachstum.

Unternehmen, die diese Prinzipien anwenden, schaffen eine Kultur der Offenheit, Zusammenarbeit und Nachhaltigkeit – die Grundlage für dauerhaften Erfolg.

Lektion 8: Respekt und Demut

Von Bernd Höhle Kampfkunst-Experte, Weltrekordler

In den Kampfkünsten geht es darum, den Gegner und die eigene Kampfkunst mit Respekt zu behandeln und demütig zu bleiben. Dieser Grundsatz überträgt sich auch auf das Geschäftsleben. Kollegen und Kunden sollten respektvoll behandelt werden, und es ist wichtig, offen für Feedback und Vorschläge zur Verbesserung zu sein.

Ein wesentlicher Aspekt der Respekt und Demut in den Kampfkünsten ist die Anerkennung der Fähigkeiten des Gegners. Ähnlich ist es im Geschäftsleben wichtig, die Stärken und Qualitäten der Kollegen und Kunden zu erkennen und zu schätzen. Durch Respekt und Demut entsteht eine positive und kooperative Arbeitsumgebung, in der jeder sein Bestes geben kann.

Es ist entscheidend, in Geschäftsbeziehungen auf Augenhöhe zu agieren. Respekt bedeutet, die Meinungen und Standpunkte anderer anzuerkennen und wertzuschätzen. Demut hingegen erinnert uns daran, dass es immer Raum für Wachstum und Verbesserung gibt. Im Geschäftsleben sollten wir uns daher stets für konstruktives Feedback öffnen und bereit sein, unsere Herangehensweise zu überdenken und zu verbessern.

Die Lehren von Miyamoto Musashi's "Das Buch der fünf Ringe" und Sun Zhu's "Die Kunst des Krieges" betonen, dass die wahre Stärke in der Bescheidenheit liegt. In den Kampfkünsten geht es nicht nur darum, den Sieg zu erringen, sondern auch darum, die

Werte des Respekts und der Demut zu wahren. Diese Werte schaffen eine Grundlage für langfristigen Erfolg und nachhaltige Beziehungen, sei es auf dem Schlachtfeld oder im Unternehmensumfeld.

Grundsätzlich lässt sich sagen, dass Respekt und Demut in den Kampfkünsten und im Geschäftsleben untrennbar miteinander verbunden sind. Indem wir unsere Mitmenschen respektieren, ihre Beiträge anerkennen und uns stets für Verbesserungen öffnen, schaffen wir eine positive Umgebung, die nicht nur den Einzelnen, sondern auch das gesamte Team voranbringt. In dieser Haltung liegt die wahre Stärke, sowohl auf der Matte als auch im Büro.

Business meets Kampfkunst: Ein Vergleich

Respekt und Demut

Von Chris Hohlstamm von Dehnen Business-High-Performer

Die Prinzipien „Respekt und Demut" aus den Kampfkünsten sind zentrale Werte, die auch im Geschäftsleben von entscheidender Bedeutung sind. In beiden Bereichen schaffen diese Werte eine Kultur des Vertrauens, der Zusammenarbeit und des Wachstums. Sie fördern nachhaltige Beziehungen und langfristigen Erfolg.

1. Respekt: Die Grundlage für erfolgreiche Beziehungen

In den Kampfkünsten:

- Respekt zeigt sich im Umgang mit dem Gegner, dem Lehrer und der Kampfkunst selbst. Ein Kämpfer erkennt die Fähigkeiten seines Gegners an und begegnet ihm mit Achtung, unabhängig vom Ausgang des Kampfes.

Im Business:

- Respekt im Geschäftsleben bedeutet, die Meinungen, Talente und Beiträge von Kollegen, Kunden und Partnern zu schätzen. Es schafft eine positive Arbeitsatmosphäre und fördert die Zusammenarbeit.

Beispiel:

Ein respektvoller Umgang mit Kunden zeigt sich in der Bereitschaft, auf ihre Bedürfnisse einzugehen, ihre Rückmeldungen ernst zu nehmen und ihnen Wertschätzung zu zeigen. Dies stärkt die Kundenbindung und den Ruf des Unternehmens.

2. Demut: Die Bereitschaft, ständig zu lernen

In den Kampfkünsten:

- Demut bedeutet, die eigene Begrenztheit zu erkennen und immer offen für Verbesserung zu sein. Ein demütiger Kämpfer weiß, dass es immer mehr zu lernen gibt, unabhängig von seinem Können oder Rang.

Im Business:

- Demut erinnert Führungskräfte und Mitarbeiter daran, dass Wachstum nur möglich ist, wenn man bereit ist, Feedback anzunehmen und neue Perspektiven zu berücksichtigen.

Beispiel:

Ein Geschäftsführer, der sich für Rückmeldungen seiner Mitarbeiter öffnet und bereit ist, seine Strategie zu überdenken, schafft ein Umfeld, in dem Innovation und Wachstum gedeihen können.

3. Respekt und Demut als Basis für Teamarbeit

In den Kampfkünsten:

- Die Anerkennung der Fähigkeiten anderer Kämpfer und die Bereitschaft, voneinander zu lernen, fördern den Zusammenhalt und die Weiterentwicklung der Gruppe.

Im Business:

- Ein respektvolles und demütiges Verhalten innerhalb von Teams ermöglicht es, Konflikte zu minimieren und die Stärken jedes Einzelnen zu nutzen. Dies führt zu besserer Zusammenarbeit und höheren Leistungen.

Beispiel:

In einem Projektteam, das Respekt und Demut lebt, wird jeder Beitrag gewürdigt, und alle Mitglieder fühlen sich ermutigt, ihre Ideen einzubringen. Dies erhöht die Kreativität und die Qualität der Ergebnisse.

4. Respekt und Demut im Umgang mit Konkurrenz

In den Kampfkünsten:

- Die Fähigkeiten des Gegners zu respektieren bedeutet, ihn nicht zu unterschätzen und gleichzeitig die eigene Leistung zu verbessern. Ein Kämpfer bleibt demütig, auch nach einem Sieg, und respektiert die Anstrengungen seines Gegners.

Im Business:

- Konkurrenz im Geschäftsleben sollte nicht als Feind, sondern als Ansporn gesehen werden. Respekt vor der Wettbewerbsfähigkeit anderer Unternehmen führt zu einer besseren Marktstrategie und zur Entwicklung von Innovationen.

Beispiel:

Ein Unternehmen, das die Erfolge seiner Wettbewerber analysiert, anstatt sie zu ignorieren, kann deren Strategien als Inspiration nutzen, um eigene Stärken auszubauen.

5. Respekt und Demut in der Führung

In den Kampfkünsten:

- Ein wahrer Meister führt mit Bescheidenheit und Respekt. Er inspiriert andere, indem er seine Werte vorlebt und gleichzeitig offen für die Meinungen und Ideen seiner Schüler bleibt.

Im Business:

- Führungskräfte, die respektvoll und demütig agieren, gewinnen das Vertrauen ihrer Teams und fördern eine Kultur des gegenseitigen Respekts. Sie schaffen eine Umgebung, in der Mitarbeiter ihr Bestes geben können.

Beispiel:

Ein CEO, der mit seinen Mitarbeitern auf Augenhöhe kommuniziert und ihre Beiträge wertschätzt, stärkt die Loyalität und das Engagement im Unternehmen.

6. Die langfristigen Vorteile von Respekt und Demut

In den Kampfkünsten:

- Respekt und Demut fördern nicht nur die technische Weiterentwicklung, sondern auch das persönliche Wachstum. Sie schaffen eine Kultur der Achtung und des gegenseitigen Lernens.

Im Business:

- Unternehmen, die Respekt und Demut in ihrer Unternehmenskultur verankern, profitieren von stärkeren Beziehungen zu Kunden, Partnern und Mitarbeitern. Dies führt zu höherer Zufriedenheit, Loyalität und nachhaltigem Erfolg.

Beispiel:

Eine Firma, die Kundenanliegen respektvoll behandelt und immer offen für Kritik ist, wird langfristig mehr Vertrauen und Marktanteile gewinnen.

7. Praktische Ansätze für Respekt und Demut im Business

-Konstruktives Feedback: Fördere eine offene Feedback-Kultur, in der Kritik respektvoll geäußert und angenommen wird.

-Anerkennung von Beiträgen: Würdige regelmäßig die Leistungen von Mitarbeitern und Kollegen.

-Offenheit für Lernen: Organisiere Schulungen und Weiterbildungsmaßnahmen, die den Austausch von Wissen fördern.

-Kundenorientierung: Höre aktiv auf Kundenwünsche und integriere deren Feedback in die Produkt- oder Serviceentwicklung.

Fazit: Gemeinsamkeiten und Schlüsselprinzipien

Respekt und Demut sind essenzielle Werte, die sowohl in den Kampfkünsten als auch im Geschäftsleben eine Schlüsselrolle spielen. Sie schaffen Vertrauen, fördern Zusammenarbeit und ermöglichen persönliches sowie unternehmerisches Wachstum.

-Respekt: Die Anerkennung der Fähigkeiten und Beiträge anderer schafft eine positive und kooperative Atmosphäre.

-Demut: Die Bereitschaft, zu lernen und sich zu verbessern, öffnet neue Wege für Innovation und Erfolg.

-Langfristiger Erfolg: Unternehmen, die Respekt und Demut leben, bauen nachhaltige Beziehungen auf, die weit über kurzfristige Gewinne hinausgehen.

Die wahre Stärke eines Unternehmens liegt nicht nur in seinen Produkten oder Dienstleistungen, sondern auch in der Art und Weise, wie es mit Menschen – Mitarbeitern, Kunden und Partnern – umgeht. Indem Respekt und Demut gelebt werden, wird ein Fundament für nachhaltigen Erfolg geschaffen.

Kapitel 3: Ich führe erfolgreich durch das "Was" und "Wie" meiner Tätigkeit.

Was haben innere Kampfkünste und die Fähigkeit, Mitarbeiter zu führen, miteinander zu tun?

Von Bernd Höhle Kampfkunst-Experte, Weltrekordler

In Zeiten zunehmender Globalisierung und Internationalisierung (oft als VUCA - Volatilität, Unsicherheit, Komplexität und Ambiguität bezeichnet) werden traditionelle Formen hierarchischer Strukturen immer weniger vorherrschend. Einige der Aspekte, die verloren gehen oder in Frage gestellt werden, sind:

- **Orientierung:** Es kann für Organisationen und Einzelpersonen herausfordernd sein, eine klare Ausrichtung und einen klaren Zweck aufrechtzuerhalten. Die traditionellen hierarchischen Strukturen können die Anpassungsfähigkeit einschränken und die Fähigkeit zur Navigation durch Unsicherheiten behindern.

- **Klarheit:** Dinge können mehrdeutig und unklar werden. Traditionelle hierarchische Systeme könnten Schwierigkeiten haben, das erforderliche Maß an Klarheit bereitzustellen, um wirksame Entscheidungen zu treffen und Individuen sowie Teams auf gemeinsame Ziele auszurichten.

- **Sicherheit und Stabilität:** Die vorhersehbaren und stabilen Umgebungen, die traditionelle hierarchische Systeme oft bieten, werden seltener. In einer dynamischen und sich ständig verändernden Welt können Sicherheit und Stabilität schwerer zu erreichen sein, was neue Ansätze für Führung und Organisationsstrukturen erfordert.

Als Ergebnis suchen Organisationen und Führungskräfte nach alternativen Wegen, um diese Herausforderungen anzugehen und neue Modelle zu finden, die inmitten ständiger Veränderung und Komplexität Orientierung, Klarheit, Sicherheit und Stabilität bieten können.

Die Verbindung zwischen inneren Kampfkünsten und der Fähigkeit, Mitarbeiter zu führen, findet sich in den Prinzipien und Strategien, die sie teilen. In einer sich rasch verändernden Welt, in der traditionelle hierarchische Strukturen an Effektivität verlieren, erfordert Führung einen anderen Ansatz. Durch die Anwendung der Prinzipien innerer Kampfkünste auf die Unternehmensführung können Führungskräfte Qualitäten wie Selbstbewusstsein, emotionale Intelligenz und Resilienz entwickeln.

In den inneren Kampfkünsten liegt der Fokus auf innerer Stärke, Balance und Energie. Indem Führungskräfte diese Prinzipien verkörpern, können sie klare und zielgerichtete Entscheidungen auch in unsicheren Situationen treffen. Sie können außerdem Strategien wie strategische Positionierung und das richtige Timing nutzen, um komplexe Herausforderungen zu bewältigen und ihre Teams zu inspirieren.

Führung wird heute als eine Kunstform angesehen, die einzigartige Fähigkeiten und eine besondere Denkweise erfordert. Durch die Integration von Kampfkunststrategien ins Geschäftsleben können Führungskräfte einen ganzheitlichen Ansatz verfolgen, der körperliche, emotionale und mentale Stärke kombiniert.

Dies fördert eine Umgebung von Klarheit, Anpassungsfähigkeit und nachhaltigem Wachstum.

Business meets Kampfkunst: Ein Vergleich

Führung durch „Was" und „Wie"

Von Chris Hohlstamm von Dehnen Business-High-Performer

Die Prinzipien innerer Kampfkünste bieten wertvolle Einsichten für moderne Führung in einer dynamischen, unsicheren und komplexen Geschäftswelt. Sie verdeutlichen, wie Führungskräfte durch Selbstbewusstsein, Klarheit und strategisches Handeln Orientierung geben und in unsicheren Zeiten Stabilität schaffen können.

1. Orientierung in einer VUCA-Welt

In den inneren Kampfkünsten:

- Orientierung bedeutet, einen klaren Fokus zu bewahren, auch wenn der Gegner unvorhersehbar agiert. Der Kämpfer richtet sich auf ein klares Ziel aus, ohne sich von äußeren Störungen ablenken zu lassen.

Im Business:

- In einer VUCA-Welt (Volatilität, Unsicherheit, Komplexität, Ambiguität) ist Orientierung für Teams und Organisationen essenziell. Führungskräfte müssen eine klare Vision und Zielsetzung vorgeben, die den Mitarbeitenden als Leitstern dient.

Beispiel:

Ein Unternehmen, das in einer dynamischen Branche agiert, benötigt eine starke Vision, um Mitarbeitende trotz wechselnder Marktbedingungen auf gemeinsame Ziele auszurichten.

2. Klarheit in Unsicherheit

In den inneren Kampfkünsten:

- Klarheit bedeutet, die Bewegungen des Gegners intuitiv zu lesen und mit präzisen Entscheidungen zu reagieren. Ohne mentale Klarheit könnte ein Kämpfer überfordert werden und falsche Entscheidungen treffen.

Im Business:

- Führungskräfte müssen in komplexen und mehrdeutigen Situationen Klarheit schaffen. Das erfordert analytisches Denken, offene Kommunikation und eine Fokussierung auf die wesentlichen Prioritäten.

Beispiel:

In einem Krisenfall, etwa bei einer Lieferkettenunterbrechung, gibt ein klarer Plan Sicherheit. Führungskräfte, die transparente und präzise Anweisungen geben, sorgen dafür, dass Teams effizient arbeiten können.

3. Stabilität durch innere Stärke

In den inneren Kampfkünsten:

- Stabilität kommt von innerer Balance und Kontrolle über die eigene Energie. Ein Kämpfer, der aus dem Gleichgewicht gerät, verliert die Kontrolle und wird angreifbar.

Im Business:

- Führungskräfte, die in sich gefestigt sind, strahlen Stabilität aus und geben ihrem Team das Vertrauen, auch durch schwierige Zeiten hindurchzukommen. Dies erfordert emotionale Intelligenz, Selbstreflexion und Resilienz.

Beispiel:

Ein Manager, der in einer turbulenten Phase Ruhe bewahrt und klar kommuniziert, gibt seinem Team die Sicherheit, sich auf Lösungen zu konzentrieren, statt in Panik zu verfallen.

4. Balance zwischen „Was" und „Wie"

In den inneren Kampfkünsten:

- Der Fokus liegt nicht nur auf dem „Was" – der Technik –, sondern auch auf dem „Wie" – der Haltung, Präzision und Energie, mit der sie ausgeführt wird. Balance zwischen diesen beiden Aspekten ist entscheidend für Erfolg.

Im Business:

- Eine gute Führungskraft definiert nicht nur, „was" erreicht werden soll (Ziele), sondern vermittelt auch, „wie" es erreicht werden kann (Werte, Kultur, Vorgehensweise). Dies schafft ein kohärentes und motiviertes Team.

Beispiel:

Ein CEO, der nicht nur Umsatzziele vorgibt, sondern auch Wert auf Zusammenarbeit, Kreativität und ethisches Handeln legt, fördert ein nachhaltiges und leistungsfähiges Arbeitsumfeld.

5. Flexibilität und strategisches Handeln

In den inneren Kampfkünsten:

- Flexibilität ist der Schlüssel, um sich an den Gegner anzupassen. Strategisches Handeln bedeutet, das richtige Timing und die beste Positionierung zu wählen, um die maximale Wirkung zu erzielen.

Im Business:

- Führungskräfte müssen flexibel auf Marktveränderungen reagieren und strategisch planen, um Chancen zu nutzen und Risiken zu minimieren.

Beispiel:

Ein Unternehmen, das frühzeitig auf Digitalisierung setzt, kann Wettbewerbsvorteile erzielen, indem es Markttrends antizipiert und entsprechende Maßnahmen ergreift.

6. Emotionale Intelligenz und Demut

In den inneren Kampfkünsten:

- Emotionale Kontrolle und Demut sind essenziell. Ein Kämpfer, der von Wut oder Ego getrieben wird, verliert seine Effizienz und wird anfällig für Fehler.

Im Business:

- Führungskräfte, die emotional intelligent handeln und offen für Feedback sind, fördern eine positive Unternehmenskultur und stärken die Loyalität ihrer Teams.

Beispiel:

Ein Manager, der Kritik annimmt und aus Fehlern lernt, schafft ein Umfeld, in dem Innovation gedeihen kann, weil Mitarbeitende keine Angst vor Rückmeldungen oder Scheitern haben.

7. Energie und Resilienz

In den inneren Kampfkünsten:

- Energieeffizienz und Resilienz sind entscheidend, um im Kampf durchzuhalten und auch in schwierigen Situationen die Kontrolle zu bewahren.

Im Business:

- Resiliente Führungskräfte und Teams können mit Herausforderungen besser umgehen, bleiben belastbar und entwickeln Lösungen, anstatt sich von Hindernissen entmutigen zu lassen.

Beispiel:

Ein Unternehmen, das durch eine Wirtschaftskrise geht, zeigt Resilienz, indem es strategisch Einsparungen vornimmt, ohne die langfristigen Wachstumsziele aus den Augen zu verlieren.

8. Ganzheitlicher Führungsansatz

In den inneren Kampfkünsten:

- Körper, Geist und Emotionen arbeiten zusammen, um Stärke, Balance und Effektivität zu erzielen.

Im Business:

- Eine ganzheitliche Führung integriert strategisches Denken, emotionale Intelligenz und organisatorische Fähigkeiten. Dies schafft ein stabiles Fundament für nachhaltiges Wachstum.

Beispiel:

Eine Führungskraft, die strategisch plant, mit Empathie führt und gleichzeitig operative Exzellenz sicherstellt, wird ein inspirierendes Vorbild für ihr Team sein.

Fazit: Die Verbindung zwischen inneren Kampfkünsten und Führung im Business

Die Prinzipien der inneren Kampfkünste bieten ein kraftvolles Modell für moderne Führung in der Geschäftswelt. Sie betonen:

- Orientierung: Klare Ziele und Visionen als Leitstern in unsicheren Zeiten.

- Klarheit: Präzise Kommunikation und Fokussierung auf das Wesentliche.

- Stabilität: Innere Stärke und emotionale Kontrolle als Basis für Führung.

- Flexibilität: Anpassungsfähigkeit an dynamische Bedingungen.

- Ganzheitlichkeit: Integration von strategischem Denken, emotionaler Intelligenz und operativer Effizienz.

Führungskräfte, die diese Prinzipien verinnerlichen, schaffen ein Umfeld, das nicht nur auf kurzfristigen Erfolg, sondern auf nachhaltiges Wachstum und Resilienz ausgerichtet ist. Indem sie das „Was" und „Wie" ihrer Tätigkeit meistern, inspirieren sie ihr Team zu Höchstleistungen und bewältigen auch die Herausforderungen der modernen Geschäftswelt souverän.

Annahmen über Führung, die die Grundlage unseres Handelns bilden:

Von Bernd Höhle Kampfkunst-Experte, Weltrekordler

Führung wird von bestimmten Annahmen beeinflusst, die unseren Handlungen zugrunde liegen. Eine dieser Annahmen besagt, dass Menschen dazu neigen, Handlungen zu imitieren, anstatt sich nur auf verbale Anweisungen zu verlassen. Mit anderen Worten, sie sind eher geneigt, Ihrem Beispiel zu folgen, basierend auf dem, was sie Sie tun sehen, anstatt auf das, was Sie ihnen sagen.

Ein weiterer wichtiger Faktor ist die Rolle der Erfahrung bei der Gestaltung von Handlungen. Unsere vergangenen Erfahrungen beeinflussen maßgeblich, wie wir an die Führung herangehen. Durch diese Erfahrungen entwickeln wir ein Gefühl dafür, was in einem bestimmten Kontext notwendig und angemessen ist.

Die Herausforderung der Führung besteht darin, andere so zu behandeln, wie Sie selbst behandelt werden möchten. Im Wesentlichen bedeutet dies, dass Ihre eigene Selbstwahrnehmung und selbst auferlegten Beschränkungen sich in der Art und Weise widerspiegeln können, wie Sie andere in Ihren alltäglichen Interaktionen führen. Führung bedeutet im Kern, Maßnahmen zu ergreifen und das zu tun, was in einer bestimmten Situation erforderlich ist.

Durch das Verständnis und die Anerkennung dieser Annahmen können Sie Ihre Führungsfähigkeiten verbessern und die Komplexitäten der effektiven Führung anderer bewältigen.

Business meets Kampfkunst: Ein Vergleich

Annahmen über Führung und ihre Wirkung auf Handlungen

Von Chris Hohlstamm von Dehnen Business-High-Performer

Die Annahmen, die unseren Führungsstil prägen, haben einen direkten Einfluss auf die Art und Weise, wie wir in Unternehmen agieren, kommunizieren und Teams leiten. Sie sind die unsichtbaren Grundlagen, die unsere Handlungen lenken und letztlich bestimmen, ob unsere Führung effektiv ist. Der Transfer dieser Prinzipien in die Geschäftswelt zeigt, wie Führungskräfte durch authentisches Verhalten, Erfahrung und Selbstreflexion ihre Führungsqualität verbessern können.

1. Führung durch Vorbild: Taten sprechen lauter als Worte

In der Führung:

- Menschen imitieren eher, was sie sehen, als dass sie rein auf Anweisungen reagieren. Führungskräfte müssen daher durch ihr eigenes Verhalten die Werte und Prinzipien vorleben, die sie von ihren Teams erwarten.

Im Business:

- Eine Führungskraft, die selbst Disziplin, Integrität und Engagement zeigt, inspiriert ihre Mitarbeitenden, diese Werte ebenfalls zu verkörpern. Worte allein sind oft nicht ausreichend; es ist die Authentizität im Handeln, die Vertrauen und Respekt schafft.

Beispiel:

Ein Manager, der erwartet, dass sein Team pünktlich ist, aber selbst regelmäßig zu Meetings verspätet erscheint, untergräbt seine Glaubwürdigkeit. Eine Führungskraft, die hingegen zuverlässig und vorbereitet ist, setzt den Standard, dem das Team folgen wird.

2. Die Rolle von Erfahrung: Lernen und Anpassung

In der Führung:

- Unsere früheren Erfahrungen prägen, wie wir auf Situationen reagieren und Entscheidungen treffen. Führungskräfte entwickeln durch Reflexion und Lernen aus der Vergangenheit ein Verständnis dafür, was in bestimmten Kontexten notwendig ist.

Im Business:

- Erfahrene Führungskräfte können auf eine breite Palette von Herausforderungen zurückblicken und daraus wertvolle Lektionen ziehen. Dieses Wissen erlaubt es ihnen, fundierte Entscheidungen zu treffen und auf Unsicherheiten flexibel zu reagieren.

Beispiel:

Ein CEO, der bereits mehrere Markteinführungen begleitet hat, weiß, welche Schritte notwendig sind, um ein Produkt erfolgreich zu positionieren. Diese Erfahrung hilft ihm, Risiken zu minimieren und das Team gezielt zu führen.

3. Führung als Spiegelbild der Selbstwahrnehmung

In der Führung:

- Die Art und Weise, wie Führungskräfte andere behandeln, spiegelt oft wider, wie sie sich selbst wahrnehmen. Eine positive Selbstwahrnehmung führt zu einem konstruktiven Führungsstil, während Unsicherheiten oder selbst auferlegte Beschränkungen die Führung negativ beeinflussen können.

Im Business:

- Führungskräfte, die sich ihrer Stärken und Schwächen bewusst sind, können mit Empathie und Klarheit führen. Unsicherheiten zu ignorieren oder übermäßig zu kompensieren, führt oft zu einem autoritären oder ineffektiven Führungsstil.

Beispiel:

Ein Teamleiter, der seine eigenen Fehler eingesteht und daraus lernt, zeigt Demut und Offenheit. Dies fördert eine Kultur, in der sich Mitarbeitende ebenfalls sicher fühlen, Risiken einzugehen und Innovationen voranzutreiben.

4. Andere so behandeln, wie man selbst behandelt werden möchte

In der Führung:

- Der goldene Grundsatz der Führung lautet, andere so zu behandeln, wie man selbst behandelt werden möchte. Das erfordert

Empathie, Respekt und die Fähigkeit, sich in die Perspektiven anderer hineinzuversetzen.

Im Business:

- Eine Führungskraft, die ihre Mitarbeitenden mit Respekt und Wertschätzung behandelt, schafft ein motiviertes und engagiertes Team. Mitarbeitende, die das Gefühl haben, gehört und unterstützt zu werden, sind produktiver und loyaler.

Beispiel:

Ein Abteilungsleiter, der regelmäßig Feedbackgespräche führt und die Anliegen seines Teams ernst nimmt, zeigt, dass ihm die Entwicklung seiner Mitarbeitenden am Herzen liegt. Das stärkt das Vertrauen und die Zusammenarbeit.

5. Maßnahmen ergreifen: Führung erfordert Handeln

In der Führung:

- Führung bedeutet, die Verantwortung zu übernehmen und in schwierigen Situationen Entscheidungen zu treffen. Handlungsorientierung ist ein zentrales Merkmal effektiver Führung.

Im Business:

- Führungskräfte, die proaktiv handeln und Verantwortung übernehmen, inspirieren ihre Teams und schaffen Vertrauen. Zögerliches Verhalten oder mangelnde Entscheidungsfreude führt hingegen zu Unsicherheit und Ineffizienz.

Beispiel:

Ein Projektmanager, der bei Problemen schnell Lösungen präsentiert und das Team anleitet, motiviert seine Mitarbeitenden und hält das Projekt auf Kurs.

6. Reflexion und kontinuierliche Verbesserung

In der Führung:

- Effektive Führungskräfte reflektieren regelmäßig über ihre Annahmen und Handlungen. Sie sind bereit, ihre Herangehensweise zu überdenken und sich weiterzuentwickeln.

Im Business:

- Unternehmen, die eine Kultur der Reflexion und des Lernens fördern, entwickeln agile und anpassungsfähige Führungskräfte. Dies ist besonders wichtig in einem dynamischen Marktumfeld, in dem ständige Veränderung die Norm ist.

Beispiel:

Ein Geschäftsführer, der regelmäßig Feedback von seinem Führungsteam einholt und seine Strategie anpasst, zeigt Anpassungsfähigkeit und Bereitschaft, neue Ansätze auszuprobieren.

7. Authentische Führung durch Verständnis von Annahmen

In der Führung:

- Führungskräfte, die ihre eigenen Annahmen verstehen, können bewusster handeln und Entscheidungen treffen, die im Einklang mit ihren Werten stehen.

Im Business:

- Authentizität ist eine der wichtigsten Eigenschaften moderner Führungskräfte. Sie entsteht durch die bewusste Reflexion der eigenen Annahmen und die Bereitschaft, Schwächen zu akzeptieren und an ihnen zu arbeiten.

Beispiel:

Ein Teamleiter, der offen über die Herausforderungen spricht, vor denen das Unternehmen steht, und gleichzeitig konkrete Lösungsansätze anbietet, gewinnt das Vertrauen seines Teams und stärkt dessen Engagement.

Fazit: Annahmen als Grundlage wirksamer Führung

Die Annahmen, die Führungskräfte über ihre Rolle und die Natur der Zusammenarbeit machen, sind entscheidend für ihren Erfolg. Im Business zeigt sich, dass effektive Führung auf den folgenden Prinzipien basiert:

- Vorbild sein: Taten sprechen lauter als Worte – Führende setzen durch ihr Verhalten den Standard.

- Erfahrung nutzen: Reflexion und Lernen aus der Vergangenheit stärken die Entscheidungsfähigkeit.

- Selbstwahrnehmung entwickeln: Positives Selbstbild und Empathie fördern konstruktive Führungsstile.

- Handlungsorientierung: Führung bedeutet, Verantwortung zu übernehmen und mutig zu handeln.

- Kontinuierliches Lernen: Offenheit für Feedback und die Bereitschaft zur Weiterentwicklung schaffen langfristigen Erfolg.

Indem Führungskräfte ihre Annahmen hinterfragen und bewusst handeln, können sie in einem dynamischen Geschäftsumfeld Orientierung geben, Vertrauen aufbauen und nachhaltigen Erfolg fördern.

Inwiefern beeinflusst die "Einstellung" exzellente Führung? Und welche Aspekte nutzt Kenjutsu, um diese Einstellung "zu entwickeln"?

Von Bernd Höhle Kampfkunst-Experte, Weltrekordler

Für uns liegen die Fokusbereiche auf:

- **Empathie:** Ein wichtiger Aspekt, den Kenjutsu hervorhebt, ist Empathie, die Führungskräften hilft, die Erfahrungen und Emotionen ihrer Teammitglieder zu verstehen und sich in sie hineinzuversetzen. Dabei geht es nicht nur um das Besitzen oder Fühlen, sondern vielmehr um die Entwicklung einer spezifischen sensomotorischen (später psychomotorischen) Feedbackfähigkeit.

  Fühlen als gezielter und bewusster Akt des Drehens oder Wahrnehmens. Diese Wahrnehmungsfähigkeit offenbart subtilere Unterschiede schneller als unsere Sprache und unser Denken und basiert auf dem, was tatsächlich existiert. Eine mentale Analyse hingegen hat den Nachteil, dass sie uns immer dazu einlädt, mit vertrauten Reaktionen auf Neues zu stoßen ... und so das Leben verfehlt!

- **Kontakt:** Ein weiterer entscheidender Aspekt ist der Kontakt, der das Herstellen und Aufrechterhalten offener Kommunikationswege mit Teammitgliedern umfasst. Dies ermöglicht es Führungskräften, Vertrauen und eine gute Beziehung zu ihrem Team aufzubauen und so ein positives Arbeitsumfeld zu schaffen.

- Nur das, womit wir wirklich in Berührung kommen, können wir wirksam beeinflussen. Damit ist alles gesagt. Und auch hier hat der persönliche Kontakt einen erheblichen Einfluss auf den Außenkontakt. Bin ich außer mir oder zentriert? Bin ich tatsächlich und spürbar präsent? Denn dann spüre ich eine innere Bewegung, lange bevor sie sich im Außen zeigt.

- **Bewegung:** Bewegung ist ebenfalls entscheidend, um die gewünschte Haltung zu erzeugen. Kenjutsu ermutigt Führungskräfte, proaktive und dynamische Ansätze bei der Problemlösung und Entscheidungsfindung zu verfolgen. Dies trägt dazu bei, ein Gefühl von Zweckmäßigkeit und Enthusiasmus im Team zu fördern. Jeder äußeren Bewegung geht ein innerer Impuls voraus. Wenn Sie in der Lage sind, die inneren Bewegungen wahrzunehmen, erschließt sich Ihnen „wie es funktioniert".

Die Lösung ist dann (lange) spürbar, bevor sie äußerlich zum Vorschein kommt. Das ist somatische Intelligenz in Aktion. Als Führungskraft spüren Sie, was nötig ist und welche Bewegung im Gange ist. Diese Unterstützung der bereits vorhandenen Bewegung (die dann ins Sichtbare durchbricht) lässt Führung und Kommunikation im weitesten Sinne einfach und elegant erscheinen.

Insgesamt dienen Empathie, Kontakt und Bewegung als Übertragungsaspekte, um die Haltung zu fördern, die für eine ausgezeichnete Führung notwendig ist.

Welche Auswirkungen hat eine solche Fähigkeit?

- **Mehr persönlicher Einfluss:** Es erfolgt eine Verlagerung vom reinen Ausüben des Handwerks der Führung hin zum tatsächlichen Verkörpern der Kunst der Führung. Diese Veränderung bringt eine tiefgreifendere und bedeutsamere Wirkung mit sich. Diese Fähigkeit kommt nicht nur Ihnen zugute, sondern erzeugt auch einen positiven Ripple-Effekt auf alle, die am Prozess beteiligt sind.

- **Es fühlt sich gut an (für alle Beteiligten am Prozess):** Das Gefühl von Zufriedenheit und Erfüllung durchdringt die Atmosphäre und fördert ein Gefühl von Verbundenheit und Einheit unter den Teammitgliedern.

- **Es schafft Sicherheit auf einer höheren Führungsebene:** Diese Fähigkeit verbessert die Sicherheit und Stabilität der Führung auf einer höheren Ebene. Indem Herausforderungen effektiv angegangen und angemessene Lösungen gefunden werden, können Führungskräfte potenzielle Probleme frühzeitig identifizieren und bewältigen.

- **Die passende Lösung ist im Problem eingebettet, und es wird nur das Notwendige getan:** Führungskräfte können die eingebettete Lösung in einem Problem erkennen und gezielte Maßnahmen ergreifen, um unnötige Umwege und Ineffizienzen zu vermeiden. Die Fähigkeit zum "Pre-Sensing" oder Führen aus der Zukunft heraus wird zu einem bedeutenden Vorteil.

- **Die Einstellung multipliziert sich:** Ein weiteres bemerkenswertes Ergebnis dieser Fähigkeit ist, dass Ihre Einstellung eine multiplizierende Wirkung auf die Menschen in Ihrem Einflussbereich hat. Die Qualität Ihrer Führung strahlt durch und inspiriert andere, Ihrem Beispiel zu folgen. Diese neu gewonnene Leichtigkeit und Effektivität machen das Arbeitsumfeld förderlicher für Wachstum und Erfolg.

Business meets Kampfkunst: Ein Vergleich

Die Rolle der „Einstellung" für exzellente Führung

Von Chris Hohlstamm von Dehnen Business-High-Performer

Die Lehren aus Kenjutsu – einer traditionellen japanischen Schwertkunst – bieten wertvolle Prinzipien für die Führung im Business. Empathie, Kontakt und Bewegung bilden die Grundlage, um eine exzellente Führungshaltung zu entwickeln. Diese Haltung geht über das technische „Handwerk" der Führung hinaus und verkörpert die Kunst der Führung, die sich durch Eleganz, Effizienz und tiefe Wirkung auszeichnet.

1. Empathie: Die Kunst, Teammitglieder zu verstehen

Im Kenjutsu:

- Empathie wird durch eine gezielte, bewusste Wahrnehmung geschärft, die subtile Signale schneller erfasst als rationale Analysen. Die Fähigkeit, sich sensomotorisch in eine Situation oder Person hineinzuversetzen, ermöglicht es, Bewegungen und Intentionen intuitiv zu erkennen.

Im Business:

- Führungskräfte, die empathisch handeln, verstehen nicht nur die Worte ihrer Mitarbeitenden, sondern auch deren Gefühle, Bedürfnisse und Motivationen. Diese Sensibilität hilft, individuelle Stärken zu fördern und Konflikte frühzeitig zu erkennen.

Beispiel:

Ein empathischer Teamleiter erkennt, dass ein Mitarbeiter durch persönliche Herausforderungen abgelenkt ist, und bietet ihm gezielte Unterstützung an. Dies stärkt das Vertrauen und die Loyalität im Team.

Geschäftsvorteil:

Empathie fördert die Teamdynamik und steigert die Motivation, da Mitarbeitende sich gesehen und geschätzt fühlen.

2. Kontakt: Präsenz und offene Kommunikation

Im Kenjutsu:

- Kontakt bedeutet, mit der Energie und Bewegung des Gegners in Berührung zu kommen. Nur durch echten Kontakt können Bewegungen antizipiert und beeinflusst werden. Präsenz und Zentrierung sind entscheidend, um diese Verbindung zu halten.

Im Business:

- Führungskräfte müssen nicht nur physisch, sondern auch emotional und mental präsent sein. Offenheit in der Kommunikation und die Fähigkeit, auf Augenhöhe zu interagieren, schaffen Vertrauen und fördern eine Kultur der Zusammenarbeit.

Beispiel:

Ein Manager, der aktiv zuhört und auf Fragen oder Bedenken seines Teams eingeht, schafft eine offene Atmosphäre, in der Mitarbeitende ihre Ideen frei teilen können.

Geschäftsvorteil:

Ein starker Kontakt zu Mitarbeitenden und Kunden führt zu klareren Entscheidungen und fördert langfristige Beziehungen.

3. Bewegung: Proaktives Handeln und Wahrnehmung innerer Impulse

Im Kenjutsu:

- Bewegung ist das Ergebnis eines inneren Impulses. Indem ein Kämpfer die inneren Bewegungen wahrnimmt, bevor sie sichtbar werden, kann er sich optimal positionieren und den richtigen Moment für die Aktion wählen.

Im Business:

- Führungskräfte, die innerliche Veränderungen und Entwicklungen frühzeitig spüren, können proaktiv handeln und passende Lösungen bieten, bevor Probleme eskalieren. Diese intuitive Führung schafft Sicherheit und Klarheit.

Beispiel:

Ein Geschäftsführer, der frühzeitig Marktveränderungen erkennt und seine Strategie anpasst, bewahrt sein Unternehmen vor größeren Risiken und erschließt neue Chancen.

Geschäftsvorteil:

Proaktive Führung vermeidet Ineffizienzen und erhöht die Reaktionsgeschwindigkeit in dynamischen Umfeldern.

Die Auswirkungen einer solchen Führungshaltung

1. Mehr persönlicher Einfluss

- Führungskräfte, die Empathie, Kontakt und Bewegung beherrschen, strahlen eine natürliche Autorität aus. Sie verkörpern die Kunst der Führung, was tiefere und nachhaltigere Wirkung erzeugt.

Im Business:

Ein inspirierender CEO motiviert sein Team durch seine Haltung und sein Verhalten, nicht durch bloße Anweisungen. Dies führt zu größerem Engagement und besseren Ergebnissen.

2. Zufriedenheit und Verbundenheit

- Mitarbeitende spüren die Authentizität und Leichtigkeit in der Führung, was ein Gefühl der Zufriedenheit und Einheit fördert.

Im Business:

Ein Team, das sich mit der Vision und den Werten seines Unternehmens verbunden fühlt, arbeitet effizienter und kreativer zusammen.

3. Sicherheit auf höherer Ebene

- Eine intuitive Führungskraft erkennt Lösungen, bevor Probleme sichtbar werden, und handelt entsprechend.

Im Business:

Ein Projektleiter, der Risiken frühzeitig adressiert und klare Handlungsanweisungen gibt, schafft Stabilität und Vertrauen im Team.

4. Die passende Lösung im Problem erkennen

- Probleme tragen oft ihre Lösungen in sich. Führungskräfte, die sich darauf konzentrieren, die eingebettete Lösung zu erkennen, vermeiden unnötige Umwege.

Im Business:

Ein Marketingmanager, der erkennt, dass ein schwaches Produktfeedback die Grundlage für Verbesserungen liefert, wendet Kritik in konstruktive Veränderungen um.

5. Multiplikatoreffekt der Einstellung

- Die Haltung der Führungskraft überträgt sich auf das Team. Eine positive, klare und motivierende Einstellung inspiriert andere, diese Werte ebenfalls zu verkörpern.

Im Business:

Ein Abteilungsleiter, der mit Zuversicht und Engagement vorangeht, fördert eine Kultur, in der das gesamte Team leistungsorientiert und positiv arbeitet.

Fazit: Eine exzellente Führungshaltung entwickeln

Die Prinzipien des Kenjutsu – Empathie, Kontakt und Bewegung – liefern eine kraftvolle Grundlage, um exzellente Führung im Business zu entwickeln. Sie fördern eine Haltung, die nicht nur auf technischer Kompetenz, sondern auf authentischer, intuitiver und inspirierender Führung basiert.

Schlüsselprinzipien im Business:

- Empathie: Verstehen Sie die Bedürfnisse und Motivationen Ihres Teams, um Vertrauen und Loyalität zu fördern.

- Kontakt: Bleiben Sie präsent und pflegen Sie offene Kommunikationswege für eine produktive Zusammenarbeit.

- Bewegung: Handeln Sie proaktiv und antizipieren Sie Veränderungen, um Ihre Organisation sicher durch dynamische Umfelder zu führen.

Indem Führungskräfte diese Prinzipien integrieren, schaffen sie eine Arbeitskultur, die nicht nur effizient und leistungsstark, sondern auch menschlich und erfüllend ist.

Kapitel 4: Miyamoto Musashi – Schwertkampf und strategisches Management

Von Bernd Höhle Kampfkunst-Experte, Weltrekordler

Welche Ziele verfolgen Sie im Top-Management? Mit welchen Methoden und Handlungsleitlinien können Sie richtungsweisende Entscheidungen für Ihr gesamtes Unternehmen treffen?

Ergänzen Sie Ihr profundes Wissen durch die Erkenntnisse von Miyamoto Musashi – dem wohl berühmtesten Samurai und Schwertkämpfer der Welt.

Vergleichen Sie die Kunst des Schwertkampfes mit dem prozessualen Vorgehen im strategischen Management und ziehen Sie Ihre individuellen Vergleichsvorteile!

Flow - „Schwertkampf" und strategisches Management

Im dynamischen Bereich des strategischen Managements enthüllt die Verschmelzung von Flow und der Kunst des Schwertkampfs, wie am Beispiel des legendären Miyamoto Musashi, einen einzigartigen Ansatz zur Zielausrichtung, Ver-besserung der Konzentration und Durchführung von Machbarkeitsstudien.

Zielausrichtung

Ähnlich wie die im Schwertkampf erforderliche Präzision erfordert strategisches Management ein ausgeprägtes Gespür für die

Zielausrichtung. In diesem Zusammenhang wird Wert darauf gelegt, die Ziele der Organisation mit den individuellen Stärken und Fähigkeiten der Teammitglieder in Einklang zu bringen. Er nutzt die Kraft der mentalen Konzentration, um sicherzustellen, dass jeder strategische Schritt auf ein gemeinsames Ziel ausgerichtet ist, genau wie Musashis Schwertschläge präzise und zielgerichtet sind.

Fokussierung

Der „Schwertkampf" führt zu einem gesteigerten Maß an geistiger Schärfe und Konzentration. Die Kunst des Schwertkampfs lehrt uns, wie wichtig es ist, in jedem Moment präsent zu bleiben, ein Prinzip, das tief im strategischen Management verankert ist. Durch die Übernahme dieser fokussierten Denkweise können Führungskräfte die Komplexität der Geschäftslandschaft mit Klarheit und Entschlossenheit bewältigen, ähnlich wie Musashis Fähigkeit, die sich entfaltende Dynamik eines Schwertkampfs im Auge zu behalten.

Miyamoto Musashis strategisches Können reichte über das Schlachtfeld hinaus, und ebenso ist im strategischen Management eine Machbarkeitsstudie von größter Bedeutung. Führungskräfte können Musashis Anpassungsfähigkeit nutzen, indem sie die Machbarkeit verschiedener Strategien beurteilen und sich in Echtzeit anpassen, ähnlich den fließenden Bewegungen in einem Schwertkampf.

Die in Musashis Schwertkunst verkörperten Prinzipien bieten einen reichhaltigen metaphorischen Rahmen für das strategische Management. Tauchen Sie im Buch „Martial Arts Strategien im Business" in die tiefgreifenden Zusammenhänge zwischen Musashis Lehren und zeitgenössischen Geschäftsstrategien ein.

Erfahren Sie, wie die Anwendung von gezieltem Fokus des „Schwertkampfes" Ihren Ansatz zur Zielausrichtung neu gestalten und letztendlich Ihre strategischen Managementfähigkeiten verbessern kann.

Ziehen Sie die Weisheit des Schwertes aus der Scheide und wenden Sie sie auf den Sitzungssaal an – wo die Schlachten strategisch sind und der Sieg in der Abstimmung von Geist, Energie und Zielstrebigkeit liegt.

Business meets Kampfkunst: Ein Vergleich

Schwertkampf und strategisches Management: Ein inspirierender Vergleich

Von Chris Hohlstamm von Dehnen Business-High-Performer

Die Verbindung zwischen Miyamoto Musashis legendärer Schwertkunst und den Prinzipien des strategischen Managements eröffnet einen faszinierenden Weg, um Führungsfähigkeiten auf innovative Weise zu schärfen. Seine Lehren bieten mehr als nur Kampfkunst – sie sind ein Meisterwerk der Strategie, die sowohl auf dem Schlachtfeld als auch im Sitzungssaal anwendbar ist. Nachfolgend werden zentrale Prinzipien des Schwertkampfs mit Kernelementen modernen Managements verglichen und erweitert.

1. Zielausrichtung: Präzision und klare Vision

Im Schwertkampf zählt Präzision. Jeder Schlag, jede Bewegung von Musashi war darauf ausgerichtet, den Gegner mit minimalem Aufwand und maximaler Wirkung zu treffen. Diese Genauigkeit und Zielstrebigkeit spiegeln sich auch im strategischen Management wider. Führungskräfte müssen klare Ziele formulieren und ihre Ressourcen so ausrichten, dass jedes Teammitglied seinen Beitrag zur gemeinsamen Vision leistet. Dabei ist es essenziell, die individuellen Stärken der Beteiligten zu erkennen und in Einklang mit den Unternehmenszielen zu bringen.

Wie im Schwertkampf, wo Ablenkungen fatale Folgen haben können, ist es im Management wichtig, das Ziel stets im Blick zu behalten. Jede strategische Entscheidung sollte darauf ausgerichtet sein, langfristigen Erfolg zu sichern, ohne von äußeren Einflüssen abgelenkt zu werden.

2. Fokussierung: Die Kraft des Augenblicks

Die Kunst des Schwertkampfs lehrt die absolute Präsenz im Moment. Musashi betonte, dass nur ein konzentrierter Geist die sich ständig verändernden Dynamiken eines Kampfes bewältigen kann. Diese Lehre ist direkt auf das Management übertragbar. Führungskräfte, die in der Lage sind, sich vollständig auf den aktuellen Moment zu fokussieren, treffen klarere Entscheidungen und bewältigen Herausforderungen mit Ruhe und Entschlossenheit.

Die Fähigkeit, komplexe Situationen zu analysieren und gleichzeitig die Übersicht zu bewahren, ist im modernen Geschäftsalltag unverzichtbar. Diese mentale Schärfe kann durch Techniken wie Achtsamkeitstraining und gezielte Konzentrationsübungen gestärkt werden – Methoden, die Musashi intuitiv in seinen Kampfstrategien einsetzte.

3. Anpassungsfähigkeit: Flexibilität als Stärke

Musashi war bekannt für seine Fähigkeit, sich blitzschnell an die Bewegungen und Strategien seiner Gegner anzupassen. Diese Flexibilität ist auch im strategischen Management von entscheidender Bedeutung. In einer sich ständig verändernden Geschäftslandschaft müssen Führungskräfte in der Lage sein, ihre Strategien zu überdenken und an neue Gegebenheiten anzupassen.

Hierbei ist ein Gleichgewicht zwischen analytischem Denken und Intuition notwendig. Während Daten und Fakten die Grundlage für strategische Entscheidungen bilden, spielen Erfahrung und Instinkt eine ebenso wichtige Rolle. Die Kunst besteht darin, beide Ansätze zu verbinden und so in jeder Situation die beste Entscheidung zu treffen.

4. Machbarkeitsstudien: Die Balance zwischen Analyse und Intuition

Vor einem Schwertkampf analysierte Musashi die Stärken und Schwächen seiner Gegner, um seine Strategie optimal anzupassen. Dieses Prinzip lässt sich auf die Durchführung von Machbarkeitsstudien im Management übertragen. Führungskräfte müssen potenzielle Strategien sorgfältig evaluieren und sicherstellen, dass sie umsetzbar und nachhaltig sind.

Dabei geht es nicht nur um die Analyse von Zahlen, sondern auch um die Einschätzung der menschlichen und emotionalen Faktoren, die eine Strategie beeinflussen können. Die Balance zwischen Intuition und fundierter Analyse schafft die Grundlage für erfolgreiche Entscheidungen.

5. Energiefluss: Harmonie und Dynamik

Musashis Schwertkunst war geprägt von einem tiefen Verständnis des Energieflusses. Seine Bewegungen waren fließend und harmonisch, und er nutzte die Dynamik des Kampfes, um seine Gegner zu überwältigen. Im Management bedeutet dies, die

Energie innerhalb eines Teams oder einer Organisation effektiv zu kanalisieren.

Ein erfolgreicher Manager erkennt, wie individuelle und kollektive Stärken genutzt werden können, um Ziele zu erreichen. Hierbei spielt die Förderung eines positiven Arbeitsklimas eine zentrale Rolle. Wie im Schwertkampf wird der Energiefluss im Team dann am stärksten, wenn alle Beteiligten im Einklang miteinander agieren.

6. Philosophische Grundlage: Werte und Kultur

Musashi verband Disziplin, Philosophie und Technik zu einem ganzheitlichen Ansatz, der weit über die reine Kampfkunst hinausging. Diese ganzheitliche Sichtweise kann Führungskräften helfen, ihre strategischen Entscheidungen mit den Werten und der Kultur ihres Unternehmens zu verbinden. Eine starke Unternehmenskultur schafft die Grundlage für nachhaltigen Erfolg und inspiriert Mitarbeiter, sich mit der Vision und den Zielen der Organisation zu identifizieren.

Fazit: Weisheit des Schwertes im Business

Die Prinzipien, die Musashis Schwertkunst so außergewöhnlich machten, lassen sich direkt auf die Herausforderungen des strategischen Managements übertragen. Zielklarheit, Präsenz im Moment, Anpassungsfähigkeit, fundierte Machbarkeitsstudien, dynamischer Energiefluss und eine starke philosophische Grundlage sind Schlüsselelemente, die Führungskräfte stärken können.

Indem Führungskräfte die Weisheit des Schwertes auf ihre strategischen Entscheidungen anwenden, verwandeln sie den Sitzungssaal in einen Ort klarer, präziser und effektiver Führung. Die Schlachten mögen heute strategisch sein, aber der Geist, die Energie und die Zielstrebigkeit, die Musashi vorlebte, bleiben zeitlos relevant.

Geometrie - Die 8 Winkel des strategischen Managements

Von Bernd Höhle Kampfkunst-Experte, Weltrekordler

In der Welt des strategischen Managements offenbart sich eine faszinierende Geometrie, die Parallelen zwischen den Prinzipien des Miyamoto Musashi's Schwertkampfes und den Strategien im Unternehmensumfeld zieht. Betrachten wir die 8 Winkel, die die Essenz einer erfolgreichen Unternehmensführung nachzeichnen.

1. Die Winkel der Klarheit:

Strategisches Management erfordert klare Visionen und Ziele. Wie Musashi betonte, ist ein klarer Geist der Schlüssel zum Sieg.

2. Die Winkel der Anpassung:

Wie ein geschickter Schwertkämpfer sich an seinen Gegner anpasst, muss ein Unternehmen flexibel auf Marktveränderungen reagieren können.

3. Die Winkel der Präzision:

In der Kunst des Schwertkampfes geht es um präzise Bewegungen. Im strategischen Management bedeutet dies, dass Entscheidungen genau und effektiv getroffen werden müssen.

4. Die Winkel des Gleichgewichts:

Musashi lehrte, dass das Gleichgewicht der Schlüssel zur Vermeidung von Anfälligkeiten ist. In Unternehmen bedeutet dies, Ressourcen und Aktivitäten ausgewogen zu koordinieren.

5. Die Winkel der Flexibilität:

Ein Schwertkämpfer muss flexibel sein, um verschiedenen Angriffen zu begegnen. Ebenso muss sich ein Unternehmen an wechselnde Marktbedingungen anpassen können.

6. Die Winkel der List:

Musashi betonte die Bedeutung von List und Taktik. Im Geschäftsleben bedeutet dies, kluge Strategien zu entwickeln, um die Konkurrenz zu übertreffen.

7. Die Winkel der Kontrolle:

Kontrolle über das eigene Schwert ist entscheidend. In der Unternehmensführung bedeutet dies, die Kontrolle über Prozesse und Ressourcen zu behalten.

Business meets Kampfkunst: Ein Vergleich

Miyamoto Musashis Schwertkampf und strategisches Management

Von Chris Hohlstamm von Dehnen Business-High-Performer

Die Prinzipien von Miyamoto Musashi, dem legendären Samurai und Meister der Schwertkunst, bieten zeitlose Einsichten für das strategische Management. Sein Ansatz, der Präzision, Anpassung und Balance miteinander verbindet, lässt sich auf die Herausforderungen der modernen Unternehmensführung übertragen. Führungskräfte können von Musashis Lehren lernen, wie sie Klarheit bewahren, flexibel bleiben und präzise Entscheidungen treffen, um ihre Organisationen in einer dynamischen Geschäftswelt erfolgreich zu navigieren.

1. Zielausrichtung: Präzision und Fokus

Im Schwertkampf:

Musashis Schläge waren nicht nur kraftvoll, sondern auch präzise und zielgerichtet. Jede Bewegung hatte ein klares Ziel, und kein Energieaufwand war vergeudet.

Im Business:

Strategisches Management verlangt dieselbe Präzision. Eine klare Zielausrichtung sorgt dafür, dass alle Ressourcen auf ein gemeinsames Ziel ausgerichtet sind. Führungskräfte müssen die

Fähigkeiten ihres Teams mit den Unternehmenszielen in Einklang bringen, um maximale Effizienz und Wirkung zu erzielen.

Beispiel:

Ein Unternehmen, das sich auf nachhaltige Innovation konzentriert, stellt sicher, dass alle Abteilungen – von der Produktentwicklung bis zum Marketing – auf dieses Ziel ausgerichtet sind.

2. Fokussierung: Präsenz im Moment

Im Schwertkampf:

Die Fähigkeit, im Moment präsent zu sein und sich vollständig auf die Dynamik des Kampfes zu konzentrieren, war eine der Stärken Musashis. Dies ermöglichte es ihm, schnell auf Veränderungen zu reagieren.

Im Business:

Führungskräfte, die sich auf das Wesentliche konzentrieren, können Komplexität bewältigen und klare Entscheidungen treffen. Eine fokussierte Denkweise hilft, Ablenkungen zu vermeiden und Prioritäten zu setzen.

Beispiel:

Ein CEO, der sich während einer Krise auf die wichtigsten Herausforderungen konzentriert, anstatt sich in Details zu verlieren, sorgt für Stabilität und klare Orientierung im Unternehmen.

3. Anpassungsfähigkeit: Flexibilität in der Strategie

Im Schwertkampf:

Musashi passte seine Techniken ständig an die Bewegungen seiner Gegner an. Seine Flexibilität machte ihn unvorhersehbar und schwer zu besiegen.

Im Business:

Unternehmen müssen flexibel auf Marktveränderungen reagieren und ihre Strategien an neue Gegebenheiten anpassen. Anpassungsfähigkeit ist der Schlüssel, um wettbewerbsfähig zu bleiben.

Beispiel:

Ein Unternehmen, das während der COVID-19-Pandemie schnell auf Remote-Arbeit und digitale Vertriebskanäle umstieg, konnte sich erfolgreich an die veränderten Marktbedingungen anpassen.

4. Balance: Ressourcen und Aktivitäten koordinieren

Im Schwertkampf:

Musashi betonte die Bedeutung von Gleichgewicht – nicht nur physisch, sondern auch mental. Balance verhindert Anfälligkeiten und ermöglicht effizientes Handeln.

Im Business:

Ein ausgewogenes Management von Ressourcen wie Kapital, Zeit und Personal ist entscheidend, um Stabilität und langfristigen Erfolg zu sichern.

Beispiel:

Ein Unternehmen, das Investitionen in Forschung, Marketing und operative Exzellenz ausbalanciert, minimiert Risiken und maximiert Wachstum.

5. Präzision: Effizienz bei Entscheidungen

Im Schwertkampf:

Präzise Schläge sind effektiver und erfordern weniger Energie. Musashi perfektionierte seine Techniken, um mit minimalem Aufwand maximale Wirkung zu erzielen.

Im Business:

Effiziente Entscheidungen, die auf fundierten Analysen basieren, vermeiden Ressourcenverschwendung und fördern die Zielerreichung.

Beispiel:

Ein Unternehmen, das datenbasierte Entscheidungen trifft, investiert gezielt in erfolgversprechende Projekte und minimiert Fehlinvestitionen.

6. List und Taktik: Strategische Überlegenheit

Im Schwertkampf:

Musashi nutzte List und Taktik, um seine Gegner zu überraschen und zu überwältigen. Seine Fähigkeit, psychologische Strategien einzusetzen, machte ihn unbesiegbar.

Im Business:

Strategische Überlegenheit im Geschäftsleben bedeutet, Innovationen und kluge Marktstrategien einzusetzen, um die Konkurrenz zu übertreffen.

Beispiel:

Ein Unternehmen, das durch disruptive Technologien oder kreative Marketingkampagnen überrascht, kann Marktanteile gewinnen und sich von der Konkurrenz abheben.

7. Kontrolle: Prozesse und Ressourcen beherrschen

Im Schwertkampf:

Die Kontrolle über das eigene Schwert und die eigene Energie ist entscheidend, um präzise und effektive Angriffe auszuführen.

Im Business:

Die Kontrolle über Prozesse, Budgets und Teams gewährleistet, dass alle Aktivitäten reibungslos ablaufen und auf die Unternehmensziele ausgerichtet sind.

Beispiel:

Ein Unternehmen, das über klare KPIs und effiziente Managementsysteme verfügt, kann die Leistung seiner Teams genau überwachen und optimieren.

Die 8 Winkel des strategischen Managements

Die von Musashi inspirierten Prinzipien lassen sich als „8 Winkel" des strategischen Managements zusammenfassen, die einen umfassenden Rahmen für erfolgreiche Unternehmensführung bieten:

1.Klarheit: Vision und Ziele müssen klar definiert sein.

2.Anpassung: Flexibilität gegenüber Marktveränderungen ist entscheidend.

3.Präzision: Effiziente Entscheidungen maximieren den Erfolg.

4.Gleichgewicht: Ressourcen und Aktivitäten müssen harmonisch abgestimmt werden.

5.Flexibilität: Strategien sollten dynamisch und anpassungsfähig sein.

6.List: Intelligente Taktiken sichern Wettbewerbsvorteile.

7.Kontrolle: Prozesse und Ressourcen müssen beherrscht werden.

8.Fokussierung: Präsenz im Moment garantiert kluge und rechtzeitige Entscheidungen.

Fazit: Die Weisheit des Schwertes im Sitzungssaal

Miyamoto Musashis Schwertkunst bietet mehr als Kampfstrategien – sie liefert zeitlose Lehren für strategisches Management. Führungskräfte, die seine Prinzipien adaptieren, können:

- Klarheit und Fokus bewahren, auch in komplexen Situationen.

- Flexibilität und Anpassungsfähigkeit entwickeln, um Veränderungen souverän zu begegnen.

- Effizienz und Präzision bei Entscheidungen maximieren.

- Strategische Überlegenheit durch kluge Taktiken erreichen.

Indem Führungskräfte die „Weisheit des Schwertes" auf das Geschäftsleben übertragen, können sie ihre Managementfähigkeiten auf eine neue Ebene heben und nachhaltigen Erfolg für ihre Organisationen sichern. Die Schlachten im Sitzungssaal mögen strategisch sein, aber der Sieg liegt – wie bei Musashi – in der Beherrschung von Geist, Energie und Zielstrebigkeit.

8. Die Winkel der Nachhaltigkeit:

Von Bernd Höhle Kampfkunst-Experte, Weltrekordler

Musashi legte Wert auf Ausdauer. In der Geschäftswelt ist es wichtig, nachhaltige Strategien zu entwickeln, die langfristigen Erfolg gewährleisten.

Diese 8 Winkel bilden die Grundlage für ein effektives strategisches Management, inspiriert von den zeitlosen Prinzipien des Schwertkampfes. In der Verbindung von Musashi's Weisheit und modernen Geschäftsstrategien entsteht eine einzigartige Geometrie, die den Weg für nachhaltigen Unternehmenserfolg weist.

Vorbereitung und Umfang der Aktion - Die Kunst der Voraussicht

Miyamoto Musashi betonte die Bedeutung der Vorbereitung im Schwertkampf, und dieses Prinzip ist ebenso relevant im strategischen Management. Die Fähigkeit, sich auf kommende Herausforderungen vorzubereiten, erfordert Klarsicht und Weitblick.

Eine umfassende Analyse der Marktbedingungen, Konkurrenzlandschaft und interner Ressourcen ist entscheidend, um robuste Strategien zu entwickeln. In der Geschäftswelt bedeutet Vorbereitung nicht nur das Antizipieren von Problemen, sondern auch das Schaffen von Chancen durch eine proaktive Herangehensweise.

Umfang der Aktion: Effizienz und Präzision

Musashi lehrte, dass jede Bewegung im Schwertkampf einen klaren Zweck haben sollte. Diese Philosophie lässt sich auf das strategische Management übertragen. Im Geschäftsleben ist es nicht nur wichtig, aktiv zu handeln, sondern auch sicherzustellen, dass jede Handlung einen klaren Zweck und eine definierte Auswirkung hat. Effizienz und Präzision im Handeln ermöglichen es Unternehmen, ihre Ziele mit minimalem Ressourceneinsatz zu erreichen.

Analogie zum Geschäftsleben:

In der Geschäftswelt ist die Vorbereitung vergleichbar mit der Entwicklung einer klaren Geschäftsstrategie, die auf einer umfassenden Analyse der Umgebung basiert. Der Umfang der Aktion spiegelt sich in der Umsetzung dieser Strategie wider, wobei jedes geschäftliche Manöver darauf abzielt, vordefinierte Ziele zu erreichen.

Die Lehren von Miyamoto Musashi zeigen uns, dass die Verbindung zwischen Vorbereitung und dem Umfang der Aktion entscheidend für den Erfolg ist. Unternehmen, die diese Prinzipien verstehen und in ihre Geschäftsstrategien integrieren, können agiler, effizienter und erfolgreicher agieren.

Vorbereitung und Umfang der Aktion:

In einem dynamischen Geschäftsumfeld ist die Bereitschaft von größter Bedeutung. Ähnlich verhält es sich mit den Kampfkünsten, wo jeder Aktion eine sorgfältige Vorbereitung vorausgeht. Geländekenntnisse, Kenntnisse über Ihre Konkurrenten und Weitsicht bei Herausforderungen sind sehr wichtige Faktoren. Jede Maßnahme zur Einführung eines neuen Produkts oder zum Eintritt in einen neuen Markt sollte auf einen gut durchdachten Plan abgestimmt sein. Das Prinzip der Proaktivität und Reaktivität ist ein aus der Kampfkunst erlerntes Prinzip, wobei Letzteres auch im Unternehmensbereich anwendbar ist.

Schnittest – Qualität und Genauigkeit:

Das Konzept eines „Schnittest s", der Parallelen zwischen Kampfkunst und Wirtschaft zieht, findet seinen Platz. In der Kampfkunst bewertet ein Schnittest die Qualität und Genauigkeit der Techniken eines Praktizierenden. Auch im Geschäftsleben entscheidet die Qualität des Handelns und der Entscheidungen über den Erfolg. Präzision in der Ausführung, Liebe zum Detail und Genauigkeit bei den Bewertungen sind von entscheidender Bedeutung. Die Sicherstellung, dass jeder geschäftliche Schritt ein fein geschliffener Schlag ist, genau wie ein meisterhafter Schnitt in den Kampfkünsten, führt zu nachhaltigem Erfolg.

Manipulation, Täuschung und Ablenkung:

Das Verständnis der Kunst der Manipulation und Ablenkung ist ein strategisches Element sowohl in der Kampfkunst als auch in der Wirtschaft. Kampfkünstler nutzen Techniken, um die Bewegungen eines Gegners zu manipulieren und so Angriffsmöglichkeiten zu schaffen. In der Wirtschaft ermöglicht das Verständnis der Marktdynamik und des Verbraucherverhaltens eine strategische Manipulation.

Es ist entscheidend, Ablenkungen zu erkennen und sich auf das Endziel zu konzentrieren. Die Anwendung eines solchen strategischen Denkens stellt sicher, dass Unternehmen Herausforderungen mit Gewandtheit meistern und Chancen nutzen können.

Ressourceneinsatz und Nachhaltigkeit:

Effizientes Ressourcenmanagement ist ein gemeinsames Prinzip zwischen Kampfkunst und Wirtschaft. So wie ein Kampfkunst ler seine Energie und Bewegungen optimiert, müssen Unternehmen ihre Ressourcen maximieren. Nachhaltigkeit ist nicht nur ein Umweltanliegen, sondern eine strategische Notwendigkeit. Im Kampfkunst ist das Einsparen von Energie für einen längeren Erfolg von entscheidender Bedeutung.

Ebenso müssen Unternehmen nachhaltige Praktiken einführen, um Langlebigkeit und Widerstandsfähigkeit angesichts der sich ständig ändernden Marktbedingungen sicherzustellen.

Kampfkunststrategien bieten eine einzigartige Perspektive, um geschäftliche Herausforderungen zu betrachten und anzugehen.

Durch die Einbeziehung der Prinzipien der Vorbereitung, Präzision, des strategischen Denkens und der Ressourcenoptimierung können Unternehmen sich agil und belastbar im Wettbewerbsumfeld bewegen und letztendlich nachhaltigen Erfolg erzielen.

Business meets Kampfkunst: Ein Vergleich

Nachhaltigkeit und strategische Präzision nach Miyamoto Musashi

Von Chris Hohlstamm von Dehnen Business-High-Performer

Die Prinzipien von Miyamoto Musashi bieten nicht nur im Schwertkampf, sondern auch im strategischen Management zeitlose Weisheiten. Sie zeigen, wie Unternehmen durch Vorbereitung, Präzision, Ressourceneinsatz und nachhaltiges Handeln langfristigen Erfolg erzielen können. Die Übertragung dieser Lehren ins Business bietet Führungskräften Werkzeuge, um agiler, effizienter und widerstandsfähiger zu agieren.

1. Die Winkel der Nachhaltigkeit: Langfristige Strategien entwickeln

Im Schwertkampf:

Musashi lehrte, dass Ausdauer und ein durchdachtes Vorgehen entscheidend sind, um langfristig erfolgreich zu sein. Jeder Schritt, jeder Schlag wurde so geplant, dass er nicht nur im Moment wirksam war, sondern auch die nächsten Bewegungen vorbereitete.

Im Business:

Nachhaltigkeit bedeutet, Strategien zu entwickeln, die über kurzfristige Erfolge hinausgehen. Unternehmen, die Ressourcen klug einsetzen und auf langfristige Stabilität setzen, sind widerstandsfähiger gegenüber Marktveränderungen.

Beispiel:

Ein Unternehmen, das auf nachhaltige Lieferketten setzt, reduziert nicht nur Risiken, sondern stärkt auch seine Position als verantwortungsvoller Marktführer.

2. Vorbereitung: Die Kunst der Voraussicht

Im Schwertkampf:

Musashi betonte die Bedeutung von Vorbereitung – sowohl mental als auch strategisch. Ein guter Schwertkämpfer analysiert den Gegner, das Gelände und mögliche Bewegungen im Voraus, um optimal vorbereitet zu sein.

Im Business:

Im strategischen Management ist Vorbereitung entscheidend. Führungskräfte müssen Marktbedingungen analysieren, Risiken antizipieren und Chancen erkennen, bevor sie eintreten.

Beispiel:

Ein Unternehmen, das durch Marktforschung Trends frühzeitig erkennt, kann neue Produkte entwickeln, bevor die Konkurrenz reagiert, und so einen Wettbewerbsvorteil erzielen.

Schlüsselprinzip:

Proaktive Vorbereitung schafft Klarheit und gibt Sicherheit, auch in dynamischen und unsicheren Umfeldern.

3. Umfang der Aktion: Effizienz und Präzision

Im Schwertkampf:

Jede Bewegung von Musashi hatte einen klaren Zweck. Unnötige Bewegungen wurden vermieden, um Energie zu sparen und maximale Wirkung zu erzielen.

Im Business:

Führungskräfte sollten sicherstellen, dass jede Aktion eines Unternehmens einen klaren Zweck hat und auf die definierten Ziele ausgerichtet ist. Effizienz und Präzision im Handeln minimieren Verschwendung und maximieren den Nutzen.

Beispiel:

Ein Start-up, das begrenzte Ressourcen effizient nutzt, indem es sich auf ein klar definiertes Kundensegment konzentriert, erzielt oft größere Erfolge als Unternehmen, die sich verzetteln.

4. Schnittest: Qualität und Genauigkeit

Im Schwertkampf:

Ein „Schnittest" bewertet die Qualität und Genauigkeit der Technik eines Schwertkämpfers. Ein präziser und sauber ausgeführter Schnitt zeugt von Meisterschaft.

Im Business:

Qualität und Genauigkeit sind entscheidend für den geschäftlichen Erfolg. Führungskräfte müssen sicherstellen, dass Entscheidungen und Handlungen präzise und durchdacht sind, um ihre Wirkung zu maximieren.

Beispiel:

Ein Unternehmen, das sorgfältig getestete Produkte auf den Markt bringt, baut Vertrauen bei den Kunden auf und minimiert Rückrufkosten oder Reputationsverluste.

5. Manipulation, Täuschung und Ablenkung

Im Schwertkampf:

Musashi nutzte Techniken, um Gegner zu manipulieren, abzulenken und so Schwachstellen auszunutzen. Diese Taktiken erforderten strategisches Denken und psychologisches Verständnis.

Im Business:

Unternehmen können durch geschickte Marktstrategien Kundenbedürfnisse beeinflussen oder sich im Wettbewerb differenzieren. Gleichzeitig müssen Führungskräfte Ablenkungen erkennen und sich auf das Endziel konzentrieren.

Beispiel:

Ein Unternehmen, das eine clevere Marketingkampagne entwickelt, um die Aufmerksamkeit von einem neuen Wettbewerberprodukt abzulenken, kann seinen Marktanteil sichern.

6. Ressourceneinsatz und Nachhaltigkeit

Im Schwertkampf:

Ein Kämpfer, der seine Energie optimal einsetzt, kann auch lange Kämpfe durchhalten. Nachhaltigkeit in der Energieverwendung ist entscheidend für den Sieg.

Im Business:

Effizientes Ressourcenmanagement ist essenziell. Unternehmen müssen finanzielle, personelle und natürliche Ressourcen so einsetzen, dass sie nicht nur kurzfristig, sondern auch langfristig Erfolg sichern.

Beispiel:

Ein Unternehmen, das in erneuerbare Energien investiert, reduziert Kosten und stärkt gleichzeitig seine nachhaltige Positionierung am Markt.

Schlüsselprinzip:

Nachhaltigkeit ist keine Option, sondern eine strategische Notwendigkeit für langfristige Wettbewerbsfähigkeit.

7. Die Kunst der Voraussicht: Probleme und Chancen antizipieren

Im Schwertkampf:

Musashi betonte die Bedeutung der Voraussicht, um Bewegungen des Gegners vorherzusehen und darauf zu reagieren.

Im Business:

Führungskräfte müssen zukünftige Entwicklungen antizipieren und Strategien entwickeln, die potenzielle Herausforderungen abmildern und Chancen nutzen.

Beispiel:

Ein Unternehmen, das eine Diversifikationsstrategie verfolgt, um sich gegen Marktrisiken abzusichern, bleibt widerstandsfähig und flexibel.

8. Die Geometrie der 8 Winkel im strategischen Management

Die Prinzipien von Musashi können in die „8 Winkel des strategischen Managements" zusammengefasst werden, die den Weg zu nachhaltigem Erfolg weisen:

1.Klarheit: Klare Visionen und Ziele sind entscheidend.

2.Anpassung: Flexibilität gegenüber Marktveränderungen fördert Wettbewerbsfähigkeit.

3.Präzision: Effiziente und durchdachte Entscheidungen maximieren den Erfolg.

4.Gleichgewicht: Ressourcen und Aktivitäten müssen harmonisch abgestimmt sein.

5.List: Intelligente Strategien sichern Wettbewerbsvorteile.

6.Kontrolle: Prozesse und Ressourcen müssen beherrscht werden.

7.Nachhaltigkeit: Strategien müssen langfristigen Erfolg sicherstellen.

8.Voraussicht: Probleme und Chancen frühzeitig erkennen.

Fazit: Nachhaltigkeit und Präzision für langfristigen Erfolg

Die Prinzipien von Miyamoto Musashi – Vorbereitung, Präzision, Ressourceneinsatz und Nachhaltigkeit – bieten Führungskräften einen strategischen Rahmen, um Unternehmen erfolgreich zu leiten.

Schlüsselprinzipien im Business:

- Nachhaltige Strategien entwickeln: Langfristige Stabilität sichern.

- Effizienz und Präzision: Ressourcen gezielt einsetzen und Verschwendung vermeiden.

- Proaktive Vorbereitung: Risiken antizipieren und Chancen nutzen.

- Flexibilität und List: Auf Veränderungen reagieren und kluge Strategien einsetzen.

Indem Unternehmen diese Prinzipien in ihre Geschäftsstrategien integrieren, schaffen sie eine Basis für Agilität, Widerstandsfähigkeit und nachhaltigen Erfolg – ganz im Sinne von Musashis zeitlosen Lehren.

Kapitel 5: Respekt und Wertschätzung!

Von Bernd Höhle Kampfkunst-Experte, Weltrekordler

Vielen Dank, dass Sie die aufschlussreiche Reise durch „KAMPFKUNSTSTRATEGIEN IN DER UNTERNEHMENSWELT" gelesen haben. Ihr Engagement, neue Dimensionen der Führung und des persönlichen Wachstums zu erkunden, ist wirklich lobenswert.

Als Sie sich die Seiten dieses Buchs angesehen haben, wissen wir Ihre Neugier und Aufgeschlossenheit zu schätzen, mit der Sie die Verschmelzung von Kampfkunst-Weisheiten mit zeitgenössischen Geschäftsstrategien annehmen. Ihr Engagement für die Erweiterung Ihrer Führungsqualitäten, die Entwicklung von Empathie und das Streben nach kontinuierlicher Selbstentwicklung passt nahtlos zum Ethos dieses Buches.

In einer Welt, in der Führung eine ständige Weiterentwicklung erfordert, spiegelt Ihre Entscheidung, innovative Perspektiven zu erkunden, Ihr Engagement für Spitzenleistungen wider. Mögen die Erkenntnisse auf diesen Seiten zu transformativer Führung, strategischem Denken und einer tieferen Verbindung zu Ihrer beruflichen Laufbahn inspirieren.

Denken Sie daran, dass es bei Führung nicht nur um das Ziel geht; es geht um die kontinuierliche Reise des Wachstums und der Verfeinerung. Wir sind dankbar für die Gelegenheit, Sie auf diesem Weg zu begleiten, und wir vertrauen darauf, dass die in diesem Buch geteilten Prinzipien bei Ihnen Anklang finden und neue Ideen und Perspektiven anregen werden.

Vielen Dank, dass Sie Ihre Zeit und Energie in „Kampfkunst-Strategien in der Wirtschaft" investieren. Wir glauben, dass die Weisheit, die Sie gewinnen, nicht nur Ihre beruflichen Bemühungen bereichert, sondern auch zu einer ganzheitlicheren und erfüllenderen Führungserfahrung beiträgt.

Ich wünsche Ihnen ein lohnendes und aufschlussreiches Leseerlebnis!

Herzliche Grüße und alles Liebe!
Ihr

Bernd Höhle
Kampfkunst-Experte & Weltrekordler

Business meets Kampfkunst: Ein Vergleich

Von Chris Hohlstamm von Dehnen

Nennen wir es „Schlusswort – Empfehlung"

Was kann oder soll man da noch hinzufügen(?)!

Der Weltrekordler und Meister der Kampfkunst hat alles Nennenswerte und Wichtige wundervoll zum Ausdruck gebracht. Sodass mir als Business-Coach und Business-High-Performer nur noch zu sagen bleibt:

Das Leben, ob privat oder im Business, ob es in Ihrer Familie oder in Ihrer Partnerschaft stattfindet, ist ein wahres Abenteuer! Ein Spiel, das gespielt und manchmal auch gekämpft werden will, und wer am Schluss gewinnt, entscheidet sich schon am Start.

Ob Sie ein Gewinner sind, wird im Außen sichtbar, aber auch, ob es noch einiges zu tun gibt, damit Sie als Gewinner aus dem „Kampf" hervorgehen, oder ob es noch ein weiter Weg ist.

Fakt ist, dass da draußen und auch in Ihnen, phantastische Gelegenheiten, Chancen und wundervolle Augenblicke auf Sie warten, die erfüllt und gelebt werden wollen, denn dafür spielen wir das Spiel des Lebens. Und jedes Spielzeug, und jede Situation, der Sie entgegenstehen, die Sie als Aufgabe und Herausforderung ausgewählt hat, erwartet nur von Ihnen, dass Sie Ihr Bestes geben.

Hierfür, dass das Beste in Ihrem Leben, in Ihrem Business geschieht, haben Sie bereits alles in sich! Dieses Buch hier, dieses gemeinsame Herzensprojekt, zeigt in sehr vielen Bereichen – ich will nicht sagen in allen Bereichen – aber doch in den wichtigen, wesentliche Strategien und Methoden auf, um zu gewinnen, damit Sie mit Ihrem Business und Leben, für das Sie angetreten sind, alles das erreichen, was Sie sich vorstellen und wünschen.

Und hierfür wünsche ich Ihnen den Erfolg und die Siege, die Sie sich vorstellen!

Vielleicht nehmen Sie einfach mein Lebensmotto mit in Ihren Tag, auf dem Weg zum Erfolg:

„Weniger als Maximal-Erfolg ist inakzeptabel!"

Alles Gute und herzliche Grüße!
Ihr

Chris Hohlstamm von Dehnen zu Wendhausen
Business-Coach & Business-High-Performer